謝宜珍——著

活出更高版本的自己

把握關鍵時刻，
和地球一起升級

目錄

CHAPTER —— 7
靈性的揚升與激活

【自序】奧里的啟示

我的人生旅程，因為一些波折和機緣，從一名奧地利的鋼琴教育家，轉而投入身心靈領域，甚至在奧地利創立了「亞洲能量中心」，與當地的醫師與療癒師攜手推廣身心靈整合理念；回到台灣後，除了持續從事教學、出版與輔導工作，也成立了「台灣國際身心靈整合協會」，致力於協助更多人找到內在的平衡與力量。

長期的冥想修行，讓我對人和環境的變化極度敏銳，尤其是在這個動盪與機遇並存的時代，地球正在經歷一場深刻的覺醒。撰寫這本書的契機，正源自於我對當下時代的深刻感受。地球正在經歷巨大的轉變，極端氣候、戰爭、地緣政治、經濟、糧食波動以及種種的不確定性，讓許多人感到焦慮與迷茫。我心中有無數的提問——這些挑戰是否預示著世界末日的到來？人類該如何面對這些不安的浪潮？

帶著這些問題，我與來自高維度的光之使者——奧里展開了對話，透過更高維的視角看待這些問題。這些對話不僅解答了我的疑惑，更帶來了宇宙的啟示與靈性的智慧。《活出更高版本的自己》這本書正是關於這段旅程的紀錄——既是對外在環境的觀察，也是一次對內在世界的探索。書中記錄了我與智慧存有奧里之間的多次深刻對話，這些對話不僅僅揭示了地球變遷的深層意義，更讓我們看到人類意識如何在這場巨變中與地球的命運相互交織。

奧里引導我們穿越物質世界的表象，深入到靈性的核心。他的啟示彷彿是一道燈光，照亮了我們在現實生活中的迷霧，讓我們看見如何在不確定中找到內在的平靜與力量。這本書不僅提供了靈性的洞見，還結合了大量的實作練習，幫助讀者將這些智慧落實於日常，將覺醒的力量化為具體的行動。

我始終相信，真正的覺醒不僅僅是思想上的啟發，而是心靈與現實的全面融合。這本書的每一個章節，無論是關於地球能量的連結、冥想的實踐，還是心靈轉化的技巧，都旨在幫助你在這場變革中找到自己的位置，擁抱覺醒的光。

地球的覺醒與人類意識的進化是相輔相成的。我們不僅僅是這個變革的見證者，更是積極的參與者。每一個人的內在變化，都在影響整體意識的振動。這是一個令人振奮的時代，也是每個靈魂都值得去深度體驗的時刻。

我真心希望，《活出更高版本的自己》能成為你在靈性旅程中的夥伴，陪你走過挑戰、超越疑惑，找到屬於自己的內在光芒。讓我們攜手，與地球一同覺醒，共同迎接充滿光與希望的新時代。

CHAPTER・1

覺醒中的地球

初遇奧里：從星辰而來的光之使者

近年來的夏天越發酷熱，世界許多城市彷彿陷入無形的熔爐。我走在街上，熱浪一波接一波地撲面而來，空氣稠密而灼熱，像是在吸入一口灼燒的微粒。

電視上的世界新聞畫面也令人不安：乾旱吞噬農田，洪水摧毀村莊，颶風和野火肆虐，極光的出現超出人們的預期範圍。雖然極光的美麗讓人心醉，但它背後的真相不容忽視——地球磁場正在異常變動，可能意味著更深層的危機正在逼近。

我不禁想起物理學家史蒂芬．霍金對地球未來的警示。他曾提出，如果全球暖化持續失控，地球可能會步上金星的後塵，進入類似失控的溫室效應，氣溫飆升至攝氏二五〇度，酸性雲層瀰漫，大氣不再適合人類生存。他也預言，人類終將不得不離開地球，尋找新的星際棲所。

當我想到這些警示，心中不禁浮現疑問：「地球究竟怎麼了？我們真的來到了無法回頭的邊緣嗎？」然而，我深知，僅憑科學報告和新聞數據，很難完整解釋這些異象背後更深層的意義。那些冰冷的統計與預測，雖然提供了警示，卻無法觸及更高層次的真相——這場變遷，是否蘊含著更深遠的宇宙訊息？

身為一名長期鑽研身心靈的老師，我深知宇宙運行的法則，也理解人類與地球的能量關聯。地球的變化並非僅是環境層面的災變，而是一場更宏大的能量轉換。這不僅關乎氣候變遷，也關乎人類集體意識的進化。直覺告訴我，這些現象不只是物理世界的顯化，更是地球向我們發出的某種訊息。

於是，經由長年以來持續修持的冥想，透過內在的連結，去探尋更高層次的智慧。在深度冥想中，我的意識頻率從日常的β波，逐漸轉為α波與θ波，進入一種寧靜而擴展的狀態，感知自然變得敏銳。我能清晰覺察到空間中的能量流動，那不只是想像，而是一種歷經鍛鍊後穩定開啟的靈性感知。

這天的冥想特別深沉。我安靜地坐著，讓自己的身體與呼吸自然同頻，意識進入內在的無垠空間。不久後，我察覺到周圍氣場的變化——空氣變得更輕盈，彷彿有微妙的脈動穿梭其間。隨著冥想加深，一道閃耀的光點自內在視野劃過，如流星般閃現，明亮而純淨，彷彿攜帶著宇宙的訊息。

我不急於理解它，而是讓意識自然沉浸在那個頻率中。隨著我與這個頻率漸漸對齊，空間中的光開始凝聚，彷彿能量被吸引至此，轉化為某種可見的形態。我靜靜觀察，心中升起敬畏。那光的波動不再是抽象的閃爍，而是開始呈現出一種意識顯化的形象——在感知中擁有清晰的輪廓，如晨光投射在湖面上般透明而穩定。

一道訊息穿透我：「我叫奧里，來自光之星系的拉克西亞，感應到你的呼喚，前來協助你理解此刻的地球轉化。」

這並非透過語言傳遞，而是一種頻率與頻率之間的共振，穿越語言所能描繪的邊界。奧里的意識場帶著極高的穩定能量，光的波動圍繞在四周，如靜水泛起圓形波紋。我不再質疑他的真實性，因為內在深處已有回應——他是真實的，只是來自我們不熟悉的層次。

我試著發出訊息：「你為什麼會出現在這裡？」他回應：「地球正處於靈性的轉折點，而你的內心渴望更深的理解，這份渴望引導我來到你身邊，幫助你看清當前的變化與其背後的意義。」

隨著他的話語，一幅壯麗的畫面在我眼前展開。奧里伸出手，光芒從他的指尖流動，彷彿在空氣中編織出一個全新的世界。我看到一個星球，那裡的天空流動著銀光，山脈彷彿閃爍著水晶般的光芒，而廣袤的平原上有著形狀奇特的植物，散發出微弱的光輝。

那星球的空氣中瀰漫著一種淡淡的香氣，彷彿混合了花朵與晨霧的氣息。耳邊隱約能聽見風在草原上低吟，像是一首遙遠的樂曲。奧里告訴我：「這是拉克西亞，一個充滿光與智慧的星球。這裡的每一株植物、每一滴水，都在分享愛與能量。拉克西亞的居民早已學會與星球共生。他們不會過度消耗資源，而是找到與自然協作的方式。這樣的共生模式，使他們的文明繁榮了數千萬年。」

「地球是否也有這樣的潛力？」

「地球是一顆充滿生命力的星球，雖然她正經歷蛻變，但未來充滿希望。」

隨後，奧里讓我再次閉上眼睛，引導我進行一次深層冥想。他讓我想像自己站在一片無邊的草原上，微風輕拂，陽光溫暖地灑在身上。每一次吸氣，我感受到愛與和平充盈在心中；每一次吐氣，所有的焦慮與不安都隨之散去。

隨著他的指引，我彷彿進入了一個更高的世界。在冥想中，我看到地球的脈動，感受到每一片森林的呼吸，每一滴海水的流動。地球是一個有生命的存在，她的痛苦與渴望清晰可見。

奧里的訊息再次傳來：「地球的轉變並非末日，而是一次重生的契機。當人類學會與她共生，共同創造平衡與和諧，我們將看到她回饋的豐盛與美麗。」

這是我與奧里的第一次相遇。他帶著光與智慧而來，用他的話語為我揭開了一個嶄新的視角。透過他的指引，我對地球的轉變有了全新的理解。我回想起那些令人不安的新聞畫面——乾旱的土地、肆虐的野火、席捲而過的洪水。曾經，它們是令人焦慮的災難，而現在，我看到的卻是一場重生的序曲。地球正在以自己的方式，提醒我們修復失衡，告訴我們如何與她共舞。

但這場轉變並非突如其來。地球從誕生至今，已經經歷了無數次的變革，每一次蛻變都塑造了她今日的樣貌。她的歷史不只是遠古時代的故事，更是揭示未來方向的重要線索。如果我們能理解地球如何從混沌走向生命，從破壞走向重生，也許我們就能找到當前變局中的答案。

我靜靜轉向奧里，心中升起一個念頭：「地球的故事究竟是如何開始的？她曾經歷過哪些蛻變？而這些變化，又如何影響了我們今日的世界？」

奧里的訊息顯現在意識中：「那麼，讓我們從最初的起點開始——地球的誕生與轉變。」

地球的誕生與轉變

地球的歷史如同一部跨越時空的史詩，每一章都記錄著這顆星球的創造、毀滅與重生。從炙熱的星雲到今天的綠蔭環繞，地球經歷了無數次蛻變，而生命則以堅韌的姿態在每一次考驗中找到新生的機會。我懷著敬畏之心問道：

「奧里，你能告訴我更多關於地球的歷史和轉變嗎？」

「當然可以。我會帶你回到地球誕生的那個時刻，讓你看看這顆星球一路走來的成長故事。這可是穿越四十五億年的漫長之旅。」話音剛落，我彷彿置身於宇宙中，星塵在我的周圍漂浮。奧里指著一片翻騰的星雲，那就是地球的誕生，從一團炙熱的星雲中凝聚而來。最初的幾億年裡，地球就像是一個熔爐，經歷了無數次的撞擊和熔化，最終才變得穩定下來。

「這聽起來就像是一場漫長的宇宙實驗啊。」我笑道。

奧里的頻率輕輕共振：「的確，就像一場大型的宇宙煙火表演，延續了好幾億年。但是這不是普通的煙火，這些撞擊讓地球逐漸形成了核心和地殼，分離出不同的層次。你可以把地球看作是一個正在煉製的金屬球，不斷從熔融狀態中鍛造出形狀。

「大約在四十五億年前，地球終於穩定下來。這個過程中，無數小行星和彗星的撞擊帶來了大量的水和有機物質，而這些正是生命的基礎。隨著時間的推移，地球表面冷卻，開始出現了海洋和大氣。這些海洋便是生命的搖籃。最初，這些海洋看起來和現在完全不同，顏色更加暗沉，混雜著化學物質和礦物。」

「這些小小的生命竟然能改變整個星球，真是『微小但強大』的最好例子。」我感慨道。

「沒錯，生命的奇妙之處在於它的堅韌和創造力。最初的微生物開始了光合作用，把二氧化碳轉化為氧氣，這就是為什麼你們今天能夠呼吸氧氣，這些微生物是真正的地球建設者。

「生命開始的時候只是些小細菌和藻類，但正是它們不斷地改變地球的大氣，使得地球的環境逐漸變得適合更多種類的生命存在。大約在六億年前，地球經歷了一段名為『雪球地球』的極端冰封期——整個星球都被冰雪覆蓋。儘管這看起來像是一個毀滅性的時期，但在冰雪融化後，生命又迎來了新一波的爆發。」

「感覺就像地球上演了一場史詩般的『冰雪奇緣』。」

「沒錯，只是這次是由微生物主演。當冰層開始融化時，氧氣含量也顯著增加，為更多複雜生命的出現提供了條件。隨著時間的推移，多細胞生物出現，海洋中開始充滿各種奇妙的生命形式。

「想像一下那個時候的海洋，充滿了柔軟的水母，還有那些形態奇特的海洋生物，這些生物是後來所有生命的祖先。地球就像是一個巨大的實驗場，每一個新物種都是大自然進行的一次嘗試。」

「所以，地球上的生命其實是一場永不停息的實驗？」

「的確如此，生命不斷在變化、適應，為了尋找最佳的生存方式。而這種嘗試和錯誤的過程，在地球的歷史中重複了多次。」

我思索著問：「地球歷史上發生過幾次大滅絕事件？」

奧里略顯嚴肅地說：「地球上曾經發生過五次主要的大滅絕，每一次都對生物界造成了巨大的影響。奧陶紀末期、泥盆紀晚期、二疊紀末期、三疊紀末期和白堊紀末期——每一次滅絕，都是一場大清洗，讓自然重新組合，讓新物種誕生。」

他頓了頓，補充道：「你可以把這些大滅絕事件看作是一場巨大的重置過程。地球在不斷嘗試新事物，當一個階段走到極限，或是遇到無法克服的挑戰時，就會以一種極端的方式來結束，然後重新開始。」

「這聽起來像是按下了重置按鈕，每次都是一場大掃除？」

「沒錯，每次滅絕，雖然對當時的生物來說是災難，卻也為新的生命形式創造了空間。例如，二疊紀末期的滅絕導致百分之九十以上的海洋物種和百分之七十的陸地生物消失，但這也為恐龍的崛起鋪平了道路。到了白堊紀末期，小行星撞擊地球，終結了恐龍時代，卻為哺乳類動物的崛起提供了契機。」

「所以，人類的出現，其實是無數次重置後的結果？」

「是的，你們今天所擁有的一切，都是無數次演化和變遷的結果。每一次滅絕，都是地球的一次重新選擇。這就像是自然在進行一場無限大的實驗，不斷嘗試新的組合，看哪種生命形式最能適應這顆星球的變化。而人類，正是這場漫長試煉中的最新篇章。」

「感覺我們真是站在無數生物犧牲的基礎上啊。」

「可以這麼說，生命的歷史是一條漫長而曲折的道路，你們今天的存在，是那些小小微生物、魚類、恐龍以及其他無數生命共同努力的結果。這也是為什麼每一個生命都應該被尊重和珍惜，因為它們都是這個星球故事的一部分。」

我深思著，心中湧現出另一個問題：「既然地球的變動影響了生物的誕生與滅絕，那麼這些變動究竟來自誰的意志？那些動物無法思考，也不會選擇自己的未來，難道說，一切都是純粹的巧合嗎？」

奧里的眼神深邃而寧靜，彷彿包含著宇宙的記憶：「這正是你需要理解的核心——地球並非單純的物理世界，而是一個擁有靈魂的存有。她的變遷，不只是物理法則的結果，而是一種更高層次的意識流動。你可以將地球視為一個有機體，所有生命都是她的延伸。當一個階段的能量累積到臨界點，就會發生變革，這不是懲罰，也不是偶然，而是一種進化的必然。

「至於是誰在主導地球的命運，這個問題的答案比你想像的更宏大。地球的演化歷程，從來不只是單一意志的決定，而是來自多個層面的共同作用——宇宙的自然法則、地球本身的意識，以及萬物生命集體意識的交織。在過去的時代，動物雖然沒有複雜的思維，但牠們的存在本身就是地球意識運行的一部分。而如今，人類的出現，使這一切發生了轉變。

「過去的物種順應地球的節奏而生滅，而人類是第一個擁有自我意識、能夠影響這個星球進程的生命群體。你們的選擇與行為，正在改變地球的能量場。當你們的科技發展、情緒波動、集體意識轉變時，這顆星球也會隨之回應。因此，地球的未來，不再只是自然法則的單向演變，而是與人類的意識狀態緊密相連。」

我沉思著奧里的話，感受到一股前所未有的責任感。這不僅僅是一顆星球的歷史，而是一場生生不息的靈魂進化之旅。過去的動物或許只是順應地球的變化而生滅，而今天的我們，卻站在了一個關鍵的轉折點——我們的選擇，將決定地球未來的樣貌。

「所以，地球的未來，不僅掌握在自然法則手中，也掌握在人類的意識之中？」

「正是如此。你們不僅是這場大劇的觀眾，更是這個故事的參與者與創造者。未來的地球，會是充滿和諧的樂園，還是陷入混亂的廢墟，不是宇宙單方面決定的，而是由你們的集體意識共同編織而成。」

我心中浮現出一個清晰的畫面：地球的故事是一場交織著毀滅與創造的壯麗樂章。那些看似不可挽回的災難，實則孕育了新生命的契機。而今天的我們，不僅是這部史詩的見證者，更是未來篇章的書寫者。選擇如何對待這顆星球，不僅是我們的責任，更是對所有曾經存在過的生命的致敬。

極端氣候的地球警告

因為近年許多地區出現超高溫或極冰寒，我有些擔憂地問：「奧里，極端氣候到底會對地球帶來什麼影響？」

「這個問題確實很複雜。由於人類排放了大量溫室氣體，地球的氣溫不斷升高，這讓全球的氣候變得越來越極端。颶風變得更猛烈，乾旱更加頻繁，野火及水患也比以往更常見。這些其實都是地球在向你們發出信號，告訴你們需要重新審視自己的生活方式。」

我忍不住說：「這感覺就像是地球在對我們大聲咆哮：『你們這些人類，夠了吧！』」

「這確實是一種咆哮，一種沉默而強烈的抗議。冰川的融化速度越來越快，尤其是在北極和南極。當冰川融化，海平面上升，對沿海城市和島國來說，這些都是實實在在的威脅。而且，冰川融化還改變了海水的鹽度和溫度，許多海洋生物因此無法生存。這就像骨牌效應，一個環節的變化會帶動其他所有的變化。最終，人類的食物、水資源，甚至整個生活方式都會受到影響。

「極端氣候的問題並不遙遠，它就在你們的日常生活裡。比如夏天越來越熱，開著空調卻還是熱得不行。地球就像自己的『空調系統』失靈了一樣，無法再有效地調節溫度。」

我苦笑：「深有體會。說實話，我住在亞洲，現在的夏天讓人根本不敢出門，一出門就像要被烤焦似的。我真的很懷疑大家在這樣的天氣裡怎麼生活下去。」

奧里的頻率中流露出一絲憂思：「你們和地球一起『熱壞了』，這可不是一件小事。極端高溫增加了電力需求，導致更多的能源消耗，進一步加劇氣候變化——這是個惡性循環。乾旱也使許多地區水資源匱乏，農作物無法生長，不僅影響農民的生計，還讓糧食價格直線上升，對整個社會帶來巨大衝擊。

「極端氣候還會影響你們的食物選擇。例如，由於乾旱和高溫，一些農作物的產量急劇下降，這可能意味著你們將不得不改變飲食習慣，甚至轉向那些更耐旱的作物。未來，餐桌上可能會出現更多以昆蟲為主的食物，因為它們富有營養且易於飼養。」

我瞪大眼睛：「昆蟲？這聽起來有些……難以接受。」

「別擔心，這只是其中一個可能性。極端氣候讓你們需要尋找新的資源和解決方案，這些解決方案可能挑戰你們的傳統觀念，但它們往往能夠帶來更大的靈活性和適應力。人類的歷史中充滿了這樣的調整和適應。

「不過，極端氣候的影響並不意味著你們無法改變。一切改變都從意識的轉變開始。如果你們能夠意識到自己與地球之間的深層聯繫，明白這顆星球不僅僅是你們生存的地方，而是與所有生命息息相關的整體，那麼改變的可能性還是存在的。」

我默默地點頭，內心被深深觸動：「所以，我們需要更愛護地球，讓我們與地球的關係更加和諧？」

「正是如此。這種改變不僅是對地球的愛，也是對自我的尊重，因為地球和你們本質上是一體的。當你們關愛地球，也就是在愛護自己，這樣的互動會讓你們的生活變得更加平衡和充滿活力。」

我深吸了一口氣，思考著奧里的話。我們真的需要改變，從每個人做起，從我們如何對待自然的方式開始。

「其實，極端氣候不僅僅影響環境，還對你們的心理和整個社會層面帶來挑戰。比如，越來越多人因為極端氣候而面臨心理健康問題。長期的高溫和自然災害頻發，讓許多人感到焦慮，情緒變得不穩定。那些在洪水、颶風、乾旱等災害中失去家園或生計的人，經歷了極大的痛苦。這些災害不僅是物質上的損失，也是在精神和心理層面的巨大打擊。」

我想到那些在新聞中看到的畫面，忍不住問：「奧里，這麼多災害，是不是意味著地球已經失去平衡？」

「是的，地球的平衡確實正面臨嚴峻的挑戰。大自然本來有自我調節的能力，但面對人類活動帶來的巨大壓力，這種能力變得越來越脆弱。森林的減少讓碳吸收能力下降，海洋酸化對海洋生態系統造成嚴重影響，過度開發也破壞了土壤的健康，這些問題你們都必須正視和解決。

「但這並不代表你們無能為力。地球依然有它的恢復力，只要你們給予足夠的時間和空間，大自然還是能夠修復自己。你們每個人都可以成為這一恢復過程中的一部分，無論是節約能源、減少浪費，還是選擇更加環保的生活方式，這些看似微小的行動，累積起來會帶來巨大的影響。」

我點點頭，心中升起了一股希望。我們並不是完全無助的，至少每個人可以從改變自己開始。

「你們需要重新建立與地球的聯繫，理解你們的行為對整個生態系統的影響。當你們認識到自己的行為如何影響氣候變化，就會更加謹慎地對待資源。這不僅僅是為了下一代，也是為了你們自己，因為這顆星球是你們唯一的家園，保護它其實就是在保護你們自己。

「極端氣候還告訴你們一個更深的啟示，那就是人類需要重新學會謙卑。你們必須承認，科技和進步帶來繁榮，但也付出了環境的代價。在你們追求發展的過程中，忽略了與自然的和諧共處，這種不平衡最終會反作用於你們自身。」

「那麼，我們該如何在科技進步和環境保護之間找到平衡？」

「這是你們這個時代需要面對的課題。科技本身並沒有對錯，關鍵在於如何運用它。你們可以用科技開發新能源、提高農業效率，減少環境負擔。科技應該是保護地球的工具，而非破壞的手段。

「你們還需要從內心認識自己與地球、其他生命的聯繫。這樣的認識能夠引導你們做出更負責任的選擇，無論是對資源的使用，還是對待其他生命的態度。當你們真正理解自己只是自然的一部分，而非凌駕其上，才能實現真正的平衡。

「地球的警告既嚴肅又緊迫，但這也是你們找回和諧的機會。以謙卑的態度與地球重新建立聯繫，每個小小的行動都是對這星球的回應。如此，你們才能找到真正的幸福與安寧。」

地磁悸動：重新校準與內在探索

最近科學家提到地磁場正在發生變化，內心立刻湧現出一連串的疑問：地球的磁場真的在變化嗎？這對我們的生活、自然，甚至整個星球會有什麼樣的影響？懷著滿滿的好奇心，我迫不及待地去尋找奧里的解答。

奧里說：「地磁場的變化並不是突然發生的，而是一個已經持續數百年的漸進過程，只是近幾十年來變化的速度才逐步加快。

「這場變化不是混亂或毀壞，而像是一場精心策劃的能量協奏——地球與宇宙之間，靜靜拉開了一場頻率重構的序幕。它不僅是地球物理的演化，更是一個引導人類意識提升的轉捩點。這正是靈魂與地球在更高層次共同安排的旅程，是為了內在覺醒而鋪陳的能量轉化之路。

「從物理的角度來看，地磁場並非無中生有，而是源自地球深處——那由熔融鐵鎳組成的液態外核。這些炙熱的金屬，在地球自轉的帶動下不斷流動、對流，如同一座巨大的發電機，產生了連綿不絕的電流，進而創造出地磁場。

「這個磁場，就像一層無形卻堅實的保護膜，包覆著地球，也守護著所有生命的呼吸與節奏。它不僅防禦來自太陽的高能粒子與宇宙射線，更穩定著地球的氣候系統、生物導航，甚至與你們的神經與松果體感知息息相關。

「然而，這層保護場並非靜止不變。它會輕微地漂移、閃動，有時甚至經歷極性的反轉。這些變動在宇宙的時間裡，正如呼吸般自然。每一次磁場的轉變，不只是物理上的調整，也像是一場深層的能量調頻，牽引著地球邁向新的共振狀態。

「如果說地磁是地球的心電圖，那麼這些變化便是它靈魂脈動的紀錄。它提醒著你們：宇宙的秩序從未靜止，而你們，也正被邀請進入這場與地球共鳴的進化旅程。」

「為何地球會在這個時間點，加速地磁的變化？這背後，是宇宙早已安排的節奏？還是來自人類自身的集體共振所引發的回響？」

「這兩者其實並不衝突。地磁場的轉變，就如同宇宙編織的一張長遠藍圖，是地球進化週期中早已標記的一個節點，一場為了讓地球與更高維度能量同步的準備。但這個節點是否加快到來，是否以現在這種強度發生，確實也與人類的集體意識與行為息息相關。

「當人類長期與自然脫節、科技過度干擾地球能量場時，這些累積的失衡會在宇宙自然法則下被調整。而地磁的改變，也是一種『回正』的力量，一種讓地球與人類再度共振的機制。

「也因此，地磁的變化既是預定的節奏，也是集體選擇的回應。它是宇宙對地球與人類的一次溫柔但堅定的校準。」

我感受到這場地磁變化彷彿正牽動著整個地球的節奏。這股力量不僅來自地球內部的深層脈動，也正逐漸滲透進我們的日常生活與感知結構。「這樣的變化，究竟會如何在自然、氣候，甚至生物導航系統中展現其影響？而我們人類的身心，又是否早已在潛意識中回應了這股隱形的轉化能量？」

奧里停頓了一下，緩緩說道：「地磁場的變化主要體現在兩個層面。第一是磁極偏移，也就是地磁北極和南極的位置正在改變。地磁北極正從加拿大快速向俄羅斯方向偏移，速度比過去高出十倍以上。

「磁極偏移對日常生活的直接影響或許有限，但對依賴地磁場導航的動物來說，卻可能是翻天覆地的改變。例如，候鳥可能因磁場偏移而迷失方向，導致遷徙途中偏離目的地，甚至無法找到合適的棲息地。」

我彷彿看見那些候鳥在天際中盤旋，彼此啁啾低語著，試圖重新校準牠們的旅程。

奧里舉了海龜的例子：「海龜在海洋遼闊的疆域中遷徙時，依賴地磁場定位牠們的出生地。但如果磁場變動過快，牠們可能無法準確回到產卵的沙灘，這將直接威脅到物種的繁衍。

「除了動物的導航困難，磁場的變化還會影響到地球大氣層的結構。磁場如同一層看不見的保護罩，抵禦著來自宇宙的高能粒子和太陽風。當磁場發生變動，這層保護罩的效能會有所減弱，特別是在南太平洋異常區域——地磁場最為薄弱的地方。這裡的磁場變弱會讓更多高能粒子進入地球大氣層，可能帶來壯麗的極光景象，但同時也會影響衛星運行、通信系統，甚至電力網絡。」

「這聽起來像是一把雙刃劍。」我若有所思地說。「極光雖然美麗，但代價卻是通信干擾，甚至可能影響整個科技系統的穩定性。」

「這是技術層面的挑戰，但更重要的是，這種變化還帶來了深刻的靈性影響。地磁場的變化不僅影響地球的外在環境，也影響你們內在的感知與意識。

「當地磁場的強度下降，地球的整體頻率實際上是在提升。這種頻率的變化將直接影響人類的感知，讓更多人開始探索靈性層面的成長。這也是為什麼最近越來越多人感到靈性甦醒的原因。

「地磁場的變化，像是一場巨大的能量轉化，它讓內心的未解情緒和深層創傷浮現，並促使人們去面對。許多人在這樣的能量浪潮中掙扎，有些人可能感到焦躁和迷茫，但也有人開始覺醒，試圖了解自己與宇宙的聯繫。」

我問：「為什麼地磁場變弱，地球的頻率卻會提升？這聽起來有些矛盾。」

「地磁場的減弱其實讓地球的內在能量流動更加自由，並能更直接地與宇宙中的高頻能量互動。地磁場有如一層穩定的保護膜，當這層膜變得更靈活時，地球就能進入更高層次的振動狀態。」

「這麼說來，地磁場的變動其實是在為地球與宇宙能量的同步創造條件？」

奧里肯定了我的想法：「這種能量同步不僅影響地球本身，也影響著所有居住在地球上的生命體。隨著地球頻率的提升，人類將會越來越敏感於自己的直覺、情緒，甚至更高層次的洞察力。這是一場靈性進化的旅程，它讓人們重新審視自己的內心，並與宇宙的智慧接軌。

「磁場的變化對自然界的影響也不容忽視。譬如某些向光性或根系敏銳的植物，會在磁場劇烈變動時，出現花期異常或根部紊亂的現象。這些微小的變化，雖然肉眼不易察覺，卻會逐步影響整體生態系統的平衡與節奏。」

我開始明白：動物、植物與人類三者之間，其實早已透過能量場彼此交織、共振。我閉上眼，彷彿能感受到地球周圍那股高頻能量，內心充滿了某種莫名的共鳴。我問奧里：「所以，地磁場的變動其實是在推動我們和地球一同進化？」

「這個『我們』，指的是所有與地球共生的生命——人類、動物、植物，甚至包括你們看不見的能量存有與自然靈。每一個存在，都是地球生命網絡的一部分，在這場進化旅程中，沒有人是局外人。

「而在人類這一層面，『我們』也不只是你眼前所見的自我。它包括了你更高維度的意識、靈魂、集體潛意識，乃至來自其他星系與維度的靈魂意識，正透過你們這些願意甦醒的靈性旅者，參與著這場轉化。」

奧里最後說：「地磁場的變化並不是一種削弱，而是一種轉化。這是一場全球性的能量重構，讓地球與所有生命都能更緊密地與宇宙合一。這些變化既是挑戰，也是契機，它呼喚著你們每一個靈魂去探索內在的力量，並與更高頻的能量共振。」

我靜靜地看著遠方的天光，那光彷彿透過地磁的律動，輕柔地拂過我的靈魂。我知道，這場能量轉化的浪潮，正在悄悄喚醒每一個沉睡的意識。或許，我們正站在一個十字路口，一端通往舊有的習性與無明，另一端則開啟通往更高頻的通道。而這個選擇，不在任何他者之手，而握在我們每一個人心中。

風中的訊息：氣候與地磁對心靈的低語

最近，不僅極端氣候頻發，地磁場似乎也在悸動不安。這些現象是否彼此相關？我正沉思著，一抹柔和的光芒在房間角落閃現，隨即化為奧里那熟悉的身影。他如同一位來自宇宙的智慧導師，帶著既溫暖又充滿力量的氣場。

「還在想氣候和地磁的事？」

「是啊，這些現象看起來既宏大又無法掌控，讓人心裡發慌。」我嘆了口氣。

奧里靠在我的書桌邊，手指輕輕點在空氣中，頓時浮現出一張發光的地球影像。「讓我來解釋吧。地磁場和氣候變化的影響，實際上就像地球與你們人類之間的一場對話。你們的身體、心理，甚至靈性，都會感受到這些現象的震盪。」

身體層面：地磁影響人體細胞與生理節奏

「先從最容易感知的層面說起——身體。」奧里揮手間，地球影像開始緩慢轉動，磁場的線條如流動的光芒四散開來。

「地磁場的波動，就像一首交響樂的旋律時快時慢。當它變化時，你們的身體會感受到一種微妙的『不穩』，腦波可能變得紊亂，導致失眠、疲憊，甚至偏頭痛。」

我皺了皺眉：「所以，那些突然感到渾身無力或者晚上睡不好覺的人，可能就是因為地磁場的變化？」

「沒錯。你們的身體其實是一台極其敏感的接收器。地磁波動會影響你的心率變異性，甚至改變細胞的生物電流運作。而極端氣候呢，則是另一種形式的挑戰，帶來的是直接的環境壓力。比如，高溫可能引發脫水，低溫會降低免疫力，氣壓波動甚至會讓某些人感覺到胸悶或者關節疼痛。」

「所以，地磁場更像是微妙的『內在壓力』，而極端氣候是具體的『外在壓力』？」我試圖整理思路。

「對極了！但不僅如此，兩者還有另一個共通點——它們都會影響你們的免疫系統。當地磁波動或氣候急劇變化時，你們的身體需要耗費更多能量來適應，免疫力自然會下降。所以在這些時期，很多人容易生病，甚至莫名感到疲憊。」

心理層面：情緒波動與內外不安的交響

「那心理層面呢？」我好奇地問。「地磁和氣候又是如何影響情緒？」

奧里的表情變得柔和，他輕輕點了點那發光的地球，光芒漸漸化為一片藍色的能量波。「心理層面是你們最常忽略卻最重要的影響之一。地磁場的變化，會讓一些人感到沒來由的焦慮、煩躁或孤獨感。這些情緒波動，其實源於你們內在能量場與地球磁場的共振。」

「共振？」

「是的。你們的腦波，尤其是阿爾法波和伽馬波，與地磁場有著天然的同步性。當磁場變得不穩定時，你們的大腦會感到混亂，情緒自然也會受到影響。而極端氣候的影響則更多與外在事件有關，颱風、洪水，甚至乾旱，這些環境劇變會帶來恐懼、不安全感和壓力感。

「不過，兩者都有一個共通點：它們都會讓人類感到『失控』。當地磁場變化時，你們可能會覺得與世界的連結被削弱；而當氣候劇變時，你們則可能覺得現實本身變得不再可靠。」

靈性層面：在混亂中找回平衡與覺醒

「那靈性層面呢？」我追問。「這兩者是否也在影響我們的靈性發展？」

「當然。地磁場的波動和極端氣候，都是地球和宇宙的一種『語言』，提醒你們回歸內在，找到真正的平衡。」

「比如說？」

「地磁波動是一種非常微妙的能量變化，當它發生時，你的靈性感知可能會被放大。很多人在這些時期會有直覺的提升、冥想中的深刻體驗，甚至在夢境中獲得重要的信息。這是一個重新校準靈性頻率的好機會。

「極端氣候更像是一個外在的『警示燈』，提醒你們重新審視自己的生活方式和對地球的態度。這不是懲罰，而是一種集體層面的教育。當災難發生時，你們往往會放下彼此的分歧，開始合作，開始反思這個星球的真正價值。」

「那我們應該怎麼面對這些挑戰呢？」我忍不住問出了心中的疑惑。

「當地磁波動時，你可以選擇靜心，讓自己的內在與宇宙的頻率同步；當氣候極端時，你可以選擇行動，減少對環境的傷害，並以愛和感恩的態度對待這個星球。」

他停頓了一下，又補充道：「記住，地球並不是在對你們發怒，而是在幫助你們覺醒。每一次波動與劇變，都在提醒你們回歸內在的穩定，並重新找到與這個星球的共生之道。」

窗外的風聲漸漸平息，我看著奧里，感到一種無法言喻的安慰和力量。或許，地球與我們之間的對話，從來都不只是挑戰，而是一次又一次愛與成長的邀請。

CHAPTER · **2**

古代智慧的啟示

亞特蘭蒂斯的靈性力量

我充滿好奇地問奧里：「我一直在想，古文明的智慧是否也能幫助我們現代人？你能跟我說說亞特蘭蒂斯嗎？」

奧里點了點頭，目光閃爍著深邃的智慧，彷彿看透了時空的界限，眼中倒映著遠古神殿的輪廓與深藍色的大海。

「亞特蘭蒂斯是一個超越時代的文明，他們的智慧和技術達到卓越的高度，甚至能夠運用心靈的力量來影響物質世界。他們與自然和諧共存，運用宇宙的能量來服務生活。這些技術與智慧不僅僅是物質的進步，更是靈性與科學完美結合的體現。」

我心中湧起一個疑問，於是問：「那麼，亞特蘭蒂斯古文明是否會再度出現？」

他的目光穿越窗外，彷彿看到那些沉沒於大海中的神秘遺跡：「亞特蘭蒂斯在地理上或許不再存在，但它的智慧和精神從未真正消失。這些靈性智慧和先進技術以不同的形式融入了後世的文化中，比如埃及、馬雅和印加文明。它們的建築、文化與宗教，無不閃耀著亞特蘭蒂斯的印記。」

他的話讓我的思緒飛向了一個陽光燦爛的古老世界，那裡的神殿巍峨聳立，碧海藍天之間，響起了悠遠的頌歌。我忍不住想：「如果這些智慧可以重現，現代社會又能從中學到什麼？」

奧里的語調溫和卻意味深長，讓我感到這段對話即將揭示一個古老而深刻的真相：「現代許多靈性導師和研究者正致力於挖掘這些古老智慧。你們可以透過冥想、夢境探索、靈性閱讀，甚至心靈療癒，重新連接亞特蘭蒂斯的能量。」

我閉上眼睛，彷彿看到那些閃耀的智慧從遠古而來，帶著一種熟悉卻神秘的力量。「亞特蘭蒂斯的智慧，是否已經以某種方式回歸了？」

奧里點頭：「沒錯。越來越多的人正在覺醒，開始重視靈性成長與宇宙能量的運行法則。這些人透過自己的修行，將亞特蘭蒂斯的智慧帶回現代社會。

這些智慧讓人們更懂得尊重宇宙能量的流動，並理解心靈與物質的聯繫。」

「那麼，亞特蘭蒂斯人對宇宙有什麼理解呢？」

「他們認為宇宙能量是生命的根源，是一切存在的基礎。他們透過觀察自然界的循環和星辰的運動，理解了能量的流動與振動，認為能量是宇宙的一種基本振動，貫穿所有的生命和物質。」

我繼續追問：「他們具體是如何運用這些能量的呢？這些能量在他們的生活中扮演什麼樣的角色？」

奧里回答：「亞特蘭蒂斯人善於利用水晶作為工具，來創造能量網格。亞特蘭蒂斯人對能量的運用並不僅限於理論，而是轉化為一種具體的實踐——水晶能量網格，這是一種提升生活質量的神奇技術。」

「能量網格是什麼？」

奧里的手指在空中畫出幾何圖形：「能量網格是由特定配置的水晶所形成的系統，這些水晶彼此共振，增強地球和宇宙之間的能量流動。這些網格像現代的電力或通信網絡，但利用的是自然能量。這樣的系統讓他們在建築、醫療、通訊和交通中創造出和諧的能量流，從而提升整體的生活質量。」

「那麼這些水晶具體是如何應用在亞特蘭蒂斯的各個領域中的呢？」

奧里的手在空中做著傳輸的手勢：「在通訊領域，水晶被用來放大和傳輸信息，支持遠距離的交流。水晶的能量頻率可以調和與增強，使其成為理想的信號放大器和傳導介質，類似於現代的無線電技術。

「在建築方面，水晶被用來穩定和增強建築物的結構完整性。它們被嵌入建築物的基礎或牆壁中，不僅提供物理上的支援，還能提升空間中的能量質量，使這些建築具備自我維持的能量系統，提供自然光照和加熱，促進居住者的健康與和諧。

「在亞特蘭蒂斯，水晶被廣泛應用於療癒，因為他們相信水晶有著不同的振動頻率和能量屬性，能夠與人體的能量場互動。水晶可以被放置在身體的特定部位來平衡和清理能量中心，這些中心也被稱為脈輪。水晶療法可以減輕疼痛、加速癒合，並提高整體的生命力與情緒健康。

「雖然你們的現代醫學尚未完全證實這些方法，但許多人從水晶療法中獲得了心理和精神上的益處。這提醒你們應保持對古老智慧的開放心態，探索能量和療癒之間的可能關聯。」

心靈的力量在亞特蘭蒂斯文化中占據著核心位置。他們如何理解心靈能量，並將這種力量應用到日常生活中？於是我繼續問：「亞特蘭蒂斯人對心靈能量的理解是什麼呢？」

「亞特蘭蒂斯人認為，人類的意識和心靈是宇宙能量的一部分，每個人的心靈都與這個無限的能量源緊密相連。透過心靈，人們可以接收宇宙的智慧和能量。他們相信想法、情感和意圖可以影響周圍的能量場，從而創造現實或改變個人的經歷。

「這種觀念強調了人類內在力量的潛力，提醒你們要珍惜並培養自己的心靈能量，因為它是與宇宙互動的重要管道。」

他的話語讓我感到一股內在的力量在心中逐漸生起。「亞特蘭蒂斯的智慧能如何應用到現代生活中？你可以分享一些具體的實踐方法嗎？」

奧里雙手合掌於胸前，然後緩緩打開，好像在展示一件珍貴的禮物：「當然，我可以分享幾個具體的方法，這些方法不僅能幫助你們與宇宙重新連結，也能在日常生活中帶來實際的改變，讓你們的生活變得更加充實與和諧。」

與自然和諧共處

亞特蘭蒂斯人重視與自然和諧共處，尊重自然的循環與能量流動。現代社會的人們可以透過環保生活方式來體現這種智慧。例如減少使用塑膠、推廣回收利用，選擇有機和本地食品，維護自然環境，都是重建與自然連結的有效途徑。與自然和諧共處不僅能減少環境壓力，還能讓個人體驗到心靈的平靜，減少焦慮與壓力。

冥想與視覺化

冥想和視覺化是連接內在智慧與宇宙能量的重要工具。想像你坐在一個安靜的空間中，深呼吸，閉上眼睛，感受每一個呼吸帶來的舒緩與放鬆。確立一個積極的意圖，例如健康、平靜或愛，視覺化一束溫暖的光芒從頭頂灌注而下，這道光如同宇宙的祝福，充滿了療癒和積極的能量，讓你感覺被無限的愛和力量包圍。

佈置水晶能量網格

創建能量網格是一種利用水晶和其他自然元素排列成特定幾何圖形的實踐，目的是增強空間的能量場，促進正能量流動。以下是如何製作一個簡單但有效的能量網格的具體步驟：

1. 選擇合適的水晶和材料

中心水晶：選擇一個大的水晶作為能量網格的中心。這通常是一個透明的水晶如水晶球或大型的石英晶體。

周邊水晶：選擇幾個較小的水晶來圍繞中心水晶。常用的有紫水晶、玫瑰石英、黑曜石等，根據你們的具體需求選擇合適的種類。

輔助元素：可以選擇一些輔助元素如貝殼、植物、符號等，增強能量網格的效果。

2. 清潔和充能

在開始佈置能量網格之前，確保所有水晶和材料都是清潔的。可以用流水、月光、陽光或聲波（如音叉或頌缽）來清潔和充能水晶。

3. 設置意圖

在佈置能量網格時，明確你的意圖。比如，你可以設定意圖為「提升空間的平靜和和諧」或「促進療癒和能量平衡」。意圖越明確，能量網格的效果越強。

4. 選擇位置

找一個安靜、不受干擾的地方來佈置能量網格。這個地方可以是一個房間的角落、一個桌面或任何你覺得合適的空間。

5. 佈置水晶

中心水晶：將主水晶穩定地置於佈局的正中央，象徵能量的核心與聚焦點，是整體能量場的發射與共振中心。

周邊水晶：根據特定的幾何圖形（如圓形、六邊形、心形、星形等），有意識地將輔助水晶圍繞中心排列。不同圖形所承載的能量意象，將影響整體場域的流動與共振。

六邊形排列：將周邊水晶圍繞中心以六邊形形式對稱排列，能夠形成穩定而均衡的能量網格。六邊形被視為宇宙中最自然且高效的結構之一，有助於協調能量流動、放大頻率，適合用於提升清晰度與穩定性。

心形排列：若以心形將水晶環繞中心，象徵著愛、療癒與和諧。這樣的佈局有助於打開心輪，促進情感平衡與內在慈悲，是進行關係修復、自我接納或情緒釋放時的理想形式。

星形排列：將水晶以星形放射狀排列，象徵啟示與光明。此佈局能放大靈感與直覺，開啟更高頻的靈性通道，特別適合用於冥想、靈感創作或能量提升。

6. 啟動能量網格

啟動能量網格的過程，不只是儀式性的啟動，更是一場與宇宙能量的對話。你可以選擇以冥想、祈禱、聲音或意圖來啟動它。建議靜坐於能量網格前，閉上雙眼，將注意力集中於你的心願或當下的意圖。想像能量如光流般在水晶與水晶之間流轉，形成一個有意識的光之網格。

你也可以輕觸每一個水晶，或用手掌在水晶陣上方緩慢移動，感受那股細緻的能量流動，並透過心念啟動它們，傳遞你的訊息與頻率。這是一個與宇宙共振、與大地共鳴的時刻。

7. 維護和調整

如同與一個有生命的存有互動，能量網格也需要細心的維護與照護。定期為水晶清理與充能，能幫助整體場域保持純淨與有力。你們可以使用月光、日光、海鹽、煙燻或音頻等方式為水晶清潔充電。

此外，請相信你們的直覺。如果你們在接近水晶網格時感覺某處能量不穩定、不流暢，試著重新排列水晶，調整其角度或位置，直到整體感覺和諧一致。這個過程本身就是一次與能量對話與調頻的實踐。

8. 能量日記紀錄

建議準備一本屬於你的水晶能量日記。每次佈置與啟動之後，記錄你的感受、當時的意圖、啟動過程中的經驗，甚至是後續的變化與回應。這不僅能幫助你更清楚辨識什麼樣的排列與材料最適合你，也會逐漸累積出屬於個人的能量圖譜。

這些步驟，不僅僅是一次關於亞特蘭蒂斯的對話，更是一種與古老智慧的連結，奧里提到的水晶能量網格就是一般人通稱的水晶陣，市面上有許多專門講水晶和水晶陣的書籍，也許可以買來參考。但最重要的，仍是你與能量之間的親身感應。那份從心而生的共振，才是真正的密碼。

馬雅文化的預言與神秘

「奧里，我對馬雅文化尤其著迷，特別是他們對時間和宇宙的理解。你能幫我深入了解這些嗎？」我滿懷興趣地問。

「當然可以。馬雅文化以其複雜的曆法和對宇宙的深刻理解著稱。他們的智慧不僅體現在天文現象的精密觀察上，更體現在對人類與宇宙之間深刻而獨特的視角中。他們的曆法和預言揭示了時間的循環性，而非線性結構，這是馬雅人宇宙觀的重要基礎。」

「關於馬雅曆法，特別是二〇一二年的預言，為什麼大家會誤解為世界末日？這方面的真相是什麼？」

「馬雅曆法是一個非常精密的系統，其中最著名的是長計曆。這個曆法描述了一個長達五千多年的週期，於二〇一二年十二月二十一日結束。在馬雅文化中，預言並不是用來預測某個具體事件的時間點，例如世界末日或災難的具體日期。相反，預言更像是一種來自宇宙的提醒與引導，是觀察自然循環與宇宙節奏所得到的洞察與智慧。它們著重於週期性變化帶來的能量轉換與意識轉變，而非單一事件的災難預告。

「至於誤解，來自於許多人將它誤認為是世界終結的預言，甚至衍生出許多末日電影與恐慌。其實，馬雅人從未說過那是毀滅的日子，而是一個長週期的結束與另一個週期的開始，象徵著變革與重生，也是意識進化的轉捩點。」

「他們如何看待這種週期性的時間？」

「馬雅人認為時間並不是線性的，而是循環且螺旋式上升的。他們相信，每個週期結束時都伴隨著意識的轉變，讓人們重新定位並找到新方向。這種循環時間的概念，讓馬雅人對過去、現在與未來有著深刻的連結，而這樣的連結則在他們的生活中充滿具體的實踐。」

「這種循環的時間觀，可以再更具體地解釋一下嗎？」

「馬雅人所說的『循環』，並不是僅指白天黑夜或四季更替這類自然節奏，而是一種更深層的宇宙觀。他們認為每一次週期的結束並不代表終止，而是下一次轉化的開端。這就像種子經歷黑暗與靜默後，才能迎來新一輪的萌芽與成長。

「這種觀念讓馬雅人非常注重當下，強調與自然的和諧相處。他們相信每一個當下的行動都是未來的基礎，與自然的連結越深，個體越能與宇宙的節奏合拍。」

我靜靜地沉思片刻，眼前浮現出馬雅人在清晨圍坐篝火旁，煙霧繚繞，祭司低聲吟誦祈禱，這樣的畫面彷彿具體呈現了他們與自然和諧相處的古老智慧。

我想了解：「這些週期究竟有多長，是否意味著人類會進入新的意識層次？」

奧里繼續說道：「對馬雅人來說，週期有不同層次。短的如太陽年（三百六十五天）、兩百六十天的卓金曆，長的則如五千多年的長計曆。這些週期各自有其意義和作用，彼此交織，形成他們獨特的時間觀。他們相信，每個週期的結束和新的開始，都是人類意識的一次昇華。」

「我們能從這些預言中學到什麼？」

「馬雅的預言更多的是關於宇宙運行規律的洞察，而非具體事件的預測。它們強調因果關係和週期性變化，提醒人類要尊重自然法則，謹慎對待自己在宇宙中的行為。預言的目的在於引導人們找到內心的平衡，促進可持續的發展，並與自然和諧相處。馬雅人深知，當我們尊重自然的節律，生命便能找到和諧共鳴的狀態。」

「那麼，馬雅人如何理解宇宙和人類之間的關係？」

「在馬雅的信仰中，宇宙中的一切都是具有靈性的，人類只是其中的一部分。他們的宗教儀式、建築設計和日常生活中處處體現著這種觀念。他們認為人類並非地球的主人，而是宇宙中的一個成員，因此，他們的建築總是融合星象運行與自然地理特徵。許多重要建築如金字塔或祭壇，都刻意對齊春分或夏至日出的方位，並與附近的聖山、河流形成特定的能量互動，使整體環境成為一個能量和諧、流動順暢的空間。」

「現代人如何能從這些宇宙觀中受益？」

奧里解釋道：「在現代社會中，這種觀念可以幫助你們重新評估人類在地球上的角色，促進對環境的保護與可持續發展。此外，它提醒你們在繁忙的生活中要保持內心的平靜，保持與自然的連結。

「舉例來說，馬雅人會根據星象和季節變化來安排農業活動，因為他們深知種植與收穫的時機必須符合自然節律，才能獲得最豐盛的成果。著名的奇琴伊察庫庫爾坎金字塔便是一個很好的例子：每逢春分和秋分，陽光會照射在金字塔的階梯上，形成蛇形的光影圖案，象徵著天地、人類與自然循環之間密切且和諧的關係。

「這種規劃背後的意涵，超越了單純的美學或實用性，更深刻表達出馬雅人對生命互相依存的深層理解：如同種子需要陽光、水與土壤來滋養，人類同樣依靠自然與宇宙的能量支持生命與文明的延續。」

奧里的說明再次讓我領悟到，馬雅的智慧不僅僅是遙遠而神秘的觀念，更是一種對生命真實相依關係的深入理解。這提醒我們，唯有尊重並珍視生命之間的相互依存，才能真正達到內在與外在世界的和諧。

「我們要如何在日常生活中應用呢？」

「首先，與自然建立深層的連結是非常重要的。花時間在戶外，比如在樹林中散步、聆聽鳥鳴、觀察星空，這些都是強化你與自然之間聯繫的好方法。當微風吹過臉頰，樹葉在風中搖曳，星光在夜空中閃爍，你會感受到自己是自然的一部分，這種感覺能讓內心變得平靜而有力量。

「此外，可以有意識地融入古老智慧，透過自然的節奏安排自己的生活。例如，根據四季的變化調整自己的作息，或者在月圓之夜進行簡單的反思或感恩儀式，這能讓你更好地融入宇宙的律動，體會生命中的變化和節奏。」

「奧里，你可以分享一個具體的實踐練習嗎？」

「我來分享一個馬雅人經常進行的日升與日落靈性實踐，這個練習旨在與自然節奏同步，從太陽中獲取能量和智慧，幫助你們保持內心的平靜與宇宙的連接。」

日升的實作練習

找到一個能看到日出的安靜地方，最好是自然環境，例如海邊、山頂或開闊的草地。在太陽升起前幾分鐘，靜靜地坐下或站立，閉上眼睛，進行幾分鐘的深呼吸，讓自己進入冥想狀態。

當你感覺平靜時，設定一天的意圖。你可以默念或在心中說出你希望今天實現的目標或願望，例如：我願意充滿愛與和平地度過這一天。

睜開眼睛，專注地觀看太陽從地平線升起。感受太陽的光芒與能量，想像這些光芒充滿你的全身，為你帶來新的能量和希望。太陽的溫暖逐漸滲透到你的肌膚，彷彿每一束光線都在喚醒你內在的力量。當太陽完全升起後，對宇宙和大自然表達感恩，感謝這一天的開始，並相信這一天將充滿美好與祝福。

日落的實作練習

同樣地，找到一個能看到日落的安靜場所，如海邊、山丘或寧靜的公園。

在太陽下山前幾分鐘，靜靜地坐下或站立，閉上眼睛，進行幾分鐘的深呼吸，讓自己進入冥想狀態。

回顧這一天的經歷，反思自己所學到的經驗。釋放任何負面情緒或壓力，讓它們隨著太陽的落下而消散。接著，睜開眼睛，專注地觀看太陽慢慢消失在地平線下。天空的色彩由橙轉紅，再到深藍，這樣的變化如同生命的不同階段。感受這一刻的寧靜與祥和，讓自己完全放鬆。

當太陽完全落下後，對宇宙和大自然表達感恩，感謝這一天的經歷與學習，祝福自己和他人都有一個安穩寧靜的夜晚，並迎接充滿希望與力量的明天。以上日升與日落的練習，若感到陽光刺眼，可閉上眼睛，改以觀想方式進行。

我最後感謝地說：「馬雅文化的智慧，早已超越了時間與空間的限制。它們不只是古代天文與儀式的遺產，更是我們這個時代中重新尋回內在節奏與外在平衡的寶貴資源。無論日升或日落，每一個與自然同步的時刻，都是我們與宇宙對話的契機——也是與自己重新連結的開始。」

古埃及智慧與永恆生命

埃及古文明可以說是所有古文明中遺跡最多、記載也最多的古文明。雖然如此，我很好奇從奧里的眼光來看，這個古文明的智慧能為現代人帶來什麼樣的幫助？

奧里溫暖地回答：「埃及古文明是一座豐富而深邃的知識寶庫，它涵蓋了建築、醫學、天文、靈性和哲學等各個領域。他們的智慧在現代生活中其實依然可以帶來很多啟發，讓你們更好地理解自己和這個世界。讓我來做個引導。」

那股能量如細微的波動於我內在擴散，讓我彷彿回到了那片神秘的沙漠之中，金字塔矗立在曠野間，陽光灑下金黃的光芒。這一切都帶著古老的氣息，彷彿時空在我眼前交錯。

「古埃及人非常重視冥想和內在的平靜。他們相信，透過冥想可以提升靈性，達到與更高層次智慧的連結。靜心練習能幫助減輕壓力，找到內心的寧靜。在冥想中，古埃及人經常觀想『生命之花』這個神聖的幾何圖案，藉此增強內在的和諧，這也正是古埃及靈性修行的一部分。」

奧里提到「生命之花」時，我彷彿感受到一股清新的微風拂過臉龐，眼前浮現出那一個個圓形展開，交織成一幅宏大而精緻的圖案，帶著一種令人心安的和諧感。

「奧里，古埃及人使用的自然療法怎麼應用在我們的日常生活中呢？」

「古埃及的醫學非常注重自然療法，他們經常使用草藥、香薰來治療各種病痛。他們認為身、心、靈三者必須保持平衡，這一觀點與現代的整體療法不謀而合。」

他提到蘆薈可以治療晒傷的皮膚，洋甘菊可以幫助緩解壓力和失眠，而薰衣草則能帶來深沉的平靜。此外，古埃及人還使用乳香來淨化空間和提升精神狀態。乳香通常來自乳香樹的樹脂，透過燃燒這些樹脂產生芳香的煙霧，被認為能夠有效驅除空間內的負能量，並與更高的靈性力量產生連結。另外，沒藥也是古埃及重要的療法之一，具有抗炎和加速傷口癒合的效果，這些知識都可以應用在現代生活中，幫助我們增強身體的自癒力。

他的描述讓我彷彿置身於古老的埃及庭院中，陽光灑落在繁茂的植物上，聞著草本的香氣，心中充滿了溫暖而安靜的感覺。

「那麼，古埃及的天文觀點，又對我們今日能有什麼啟發？」

「古埃及人對星辰的運行有著高度的理解。他們不僅觀察天體的移動，更洞察其背後蘊藏的神聖秩序。對他們而言，星空是一幅宇宙與人類溝通的圖騰，每一顆星辰皆為意識的顯現，映照出生命的運行與宇宙的規律。

「在眾多星體之中，天狼星對古埃及的意義極為關鍵。它的出現預示尼羅河的氾濫，這場水的來臨為土地帶來肥沃與新生。埃及人將天狼星稱為『索提斯』，與女神伊西斯的能量對應。他們並非僅將這一現象視為天文現象，而是解讀為神聖週期的開啟，象徵重生與宇宙對生命的回應。」

奧里繼續說：「古埃及人並非只是被動地觀察星空，而是有系統地記錄各個星體的位置與運動，創造出極為精密的曆法系統。他們的宇宙觀認為地球上的一切都是宇宙秩序的一部分，人類的行動與星辰的運行緊密聯繫，甚至法老王陵墓的建築方向也經常精確對齊北極星和獵戶座的星辰。他們認為這樣的對齊方式能幫助亡者的靈魂安全地引導到永恆的星辰世界。

「透過星辰，古埃及人試圖理解生命與宇宙的奧秘。星空不僅指引他們實際的農業活動和社會秩序，也提供他們精神與靈性的啟發。當他們凝視星辰時，內心同時感受到個體的渺小與宇宙的無限，這種體驗激發了埃及文明對永恆和超越生命的思索。

「這些古老而珍貴的智慧，並未隨著時間流逝而消失，仍然等待著現代人去重新探索與理解。當你再次仰望星空時，不妨靜靜感受一下：你正在凝視著古埃及人曾經仰望過的同一片宇宙，或許在這片無垠之中，你也能找到屬於自己的靈感與啟示。」

他的話語讓我感覺到星空下的神秘與遼闊，我閉上眼睛，試著去感受那片星空的力量，那些星辰彷彿在向我訴說著宇宙的真理。這是一種與遙遠的過去的對話，也是一種對當下的深深凝視。每一顆星星的光芒，都像是一個指引，讓我不再感到迷茫，而是能夠找到自己在宇宙中的位置。

奧里說：「若你們也渴望與星空建立內在連結，以下是一個簡單的夜間靜心練習，可以幫助你們在日常生活中啟動這份古老的智慧連線：

「走到戶外，最好是沒有光害的地方，比如公園、陽台、山區或郊外，仰望頭頂上的星空。

「在心中設定今晚與宇宙連結的意圖，例如：我敞開自己，願意接收來自星辰的指引與啟發。

「緩慢地深呼吸數次，讓自己進入放鬆的狀態。你可以閉上眼睛，或輕輕凝視某顆你特別有感應的星星。

「想像從天際某顆明亮的星星傳來一道柔和的光，緩緩流入你的頂輪，穿越全身。這光是純粹的智慧能量，它會喚醒你內在被遺忘的靈魂記憶。

「讓你的意識保持開放，觀察內在有沒有出現任何畫面、文字、靈感或感覺。結束後，可以寫下你當晚的體會與領悟，也許某一顆星星的名字，或一句簡單的話語，就會成為你此刻人生的重要指引。」

奧里接著提到：「古埃及人深信，生命並不是一條直線，而是一個永恆的循環。對他們而言，死亡不是結束，而是另一個開始，是通往另一階段存在的門扉。他們對死亡沒有恐懼，而是充滿尊重與接受，因為他們理解，在宇宙的法則中，一切都在流轉、生滅與再生中前進。

「這種對生命與死亡的深刻態度，來自於古埃及的核心信仰——瑪特（Maat）哲學。瑪特不是單一的女神，更是一種宇宙的原則，象徵著秩序、真理、正義與平衡。古埃及人相信，宇宙之所以運行不息，是因為瑪特的存在維持了天地萬物之間的和諧。」

他頓了頓，語氣更加堅定：「在個人的層面上，維持瑪特的秩序，意味著過一種有道德、有節制、有責任的生活。人們在生前的言行，會在死後接受審判——心臟與瑪特的羽毛一起放在天秤上秤量，唯有心靈清明、行為正直之人，才能進入來世的永恆國度。」

我點點頭，慢慢理解了這套哲學的深意——生命不只是生與死的分界，更是學習如何與宇宙的節奏共舞。當我們偏離平衡、失去內在的正直與和諧，就會與宇宙法則失聯，陷入混亂與痛苦。

「接受生命的循環，就是承認你們不只是肉體的存在，更是靈魂旅程的一部分。每一次出生與死亡，不過是靈魂經歷與學習的一環。唯有學會順應這股流動，不執著於開始，也不抗拒結束，才能真正體會到存在的圓滿。」

我靜靜地望著窗外的光影，感受到一種前所未有的寧靜。死亡不再是陰影，而是一種返回、一種轉化。就像太陽落下後會再升起，靈魂的旅程也不會停止，只是在不同的階段換了不同的容器與角色。

奧里還提到：「金字塔是古埃及文明的代表，其幾何結構和精確對齊使其成為能量的集中和放大工具。這些智慧也啟發我們如何設計生活環境，使之與宇宙的能量流相契合。」

奧里接著詳細解釋金字塔的幾何學和建築原理：「金字塔的結構基於精確的幾何比例，特別是黃金比例。這些比例使得金字塔不僅僅是墓葬建築，其形狀可以聚集和放大宇宙能量，頂端像是指向天空的橋梁，與更高層次的宇宙能量連結，而底座穩穩地接觸地球，將這些能量穩固地引入大地。

「這些幾何學概念影響了他們的城市規劃和建築設計，讓建築不僅僅是物理結構，更是與天地間能量相協調的產物。」

他繼續說明：「古埃及的城市規劃講求的是與宇宙秩序對齊的智慧，他們會依照天文觀測結果來規劃建築的方向與位置。例如，金字塔群的佈局與獵戶星座中的三顆主星對齊，象徵著人類與星辰之間的神聖連結；而神殿的入口則多數對齊日出或特定星辰的升起，讓光線在特定節氣照入內殿，強化宇宙能量的流動。

「城市與神廟的設計也常依據東西南北四方定位，象徵著宇宙的穩定與平衡。每個方向都承載不同的象徵意義，東方代表重生與啟示，西方代表死亡與轉化，南方象徵火與行動，北方則與智慧與穩定有關。這樣的規劃讓城市如同一個微型宇宙，生活其中的人們自然會與天地節律保持和諧。」

我靜靜地想著，原來建築不只是容身之所，它更是一座能與星辰對話的橋梁，一個讓人與宇宙產生共鳴的空間。而古埃及人早已洞悉其中的奧秘，將幾何與宇宙秩序融入生活的每一個細節中。

奧里繼續說道：「你們可以在家中使用金字塔模型來冥想，這可以幫助你們創造一個小型的能量場，增強靈性實踐。

「找一個安靜的地方，將它佈置成你的神聖空間。你可以輕點一支蠟燭，讓柔和的光芒溫暖整個房間；或者滴幾滴喜歡的精油，讓淡淡的香氣安撫你的心靈。一曲舒緩的音樂也許能更幫助你進入寧靜的狀態——這一切，都是為了迎接金字塔的能量，讓它與你的內在連結。

「當你準備好時，輕輕地坐下，或者躺下，找到一個讓你身體完全放鬆的姿勢。閉上眼睛，將注意力帶到呼吸上。吸入清新的空氣，感受每一次吸氣都為你帶來生命的能量；呼出所有的緊張與壓力，彷彿每一次呼氣都讓你的心靈更加輕盈。

「現在，將金字塔模型放置在你身體上，或者靠近你感到舒適的位置。試著想像它並不只是一個靜止的物件，而是一個能量的入口，它的頂端與宇宙的能量源相連，而基座穩穩地接觸地球的力量。你正處於這個能量場的中心，與天地的力量融為一體。

「隨著每一次深呼吸，想像金字塔的能量從它的頂端緩緩流下，如同一道純淨的光芒進入你的身體。這股能量輕柔地流經你的每一個細胞，帶走壓力與阻塞，取而代之的是溫暖與光亮。它就像涓涓細流，溫柔卻深刻地洗滌著你的內在。

「如果你有需要療癒的部位，將注意力帶到那裡。感受金字塔的能量彷彿匯聚在那一處，帶來修復與重生。你可能會感覺到一股溫熱，或者輕輕的振動，這是能量在工作，是你的身體與金字塔之間的共鳴。

「靜靜地沉浸在這個能量場中，讓所有的感覺自然地展開。不需要刻意去做什麼，只需觀察、感受，允許金字塔的能量引領你走向內在的寧靜與平衡。

「當你感覺到這個連結已經穩定，並感受到身體與心靈的清明與放鬆時，輕輕地將意識帶回當下。睜開眼睛，讓自己慢慢地感受到周圍的一切。感謝這次能量的體驗，感謝金字塔的支持，也感謝自己給予了這份內在的關愛。」

隨著奧里的引導，我也靜靜地沉浸其中，感受這能量帶來的安寧與平衡，當我覺得連結已經穩定，睜開眼睛，看到奧里微笑地看著我，他說道：「金字塔能量是一個強大的工具，幫助你們達到身心靈的平衡和修復。當你們真正投入其中時，會發現自己在這個過程中逐漸接近內心的平和與力量。」

我深深吸了一口氣，感謝這份體驗。這不僅是一次冥想，更是一種內在的連結，一次與自己和宇宙深層的對話。這次冥想讓我感受到，我們每個人內在的力量是如此深邃，只要能夠與宇宙的能量連結，就能找到無限的可能與平靜。

CHAPTER・3

跨外文明的真實面貌

暗中守護地球的星際家人

夜晚，窗外的夜空閃爍著無數光點，彷彿在低語著未解之謎。我坐在桌邊，內心懷著些許疑問，翻閱著那些關於古老文明的紀錄：金字塔的建造、蘇美的天文圖騰、馬雅曆法的奧秘，這些都似乎在向我們隱約透露著一些遙遠的故事。

「奧里，關於境外文明，也就是那些地球之外的智慧生命，我們經常聽到各種傳聞和猜測。這些境外文明真的存在嗎？如果存在的話，他們對地球和人類有什麼樣的影響呢？」

「這可是個很有意思的問題。簡短回答就是：是的，境外文明確實存在，而且遠比你們能想像的還要豐富多彩。宇宙可不是光給你們地球人留的『私人遊樂場』。其實，宇宙就像一個無限擴展的超大版『社交網絡』，到處都是不同星系、維度的智慧生命，並且他們每個都有自己獨特的文化、技術和靈性意識。

「這些境外文明中的一些，早在地球歷史的『童年』時期就跟地球『互動』過了。你聽說過的埃及、蘇美、馬雅文明，它們的歷史中可是有不少線索顯示，它們和星際訪客有過合作項目——比如金字塔的建造、天文知識的獲取等。這些境外文明給予的幫助可不光是教人類怎麼堆石頭，還有更深的靈性上的引導，幫助人類的意識逐步成長。」

他話音剛落，我彷彿看見了古老的埃及，無垠的沙漠中，工匠們在夜幕下勞動，天上的星星像是與他們相互交流，星光的微弱輝映指引著每一塊巨石的落位。這是一幅跨越時空的場景，一個個星光閃爍的夜晚，不僅見證了金字塔的崛起，也記錄了人類與星際智慧的聯繫。

「那麼，這些境外文明對我們是抱有善意的嗎？他們想幫助我們提升意識，進入更高的境界嗎？」

「對，大部分的境外文明對地球和人類都抱著很深的愛和關注。說得直白一點，他們就像大哥哥大姐姐，不時看看你們這些小弟小妹在地球上的表現。

他們知道你們在經歷著什麼，理解你們面臨的挑戰，因此，他們的介入多半是出於愛與幫助，想看著你們升級成功，把地球的這段旅程順利完成，提升到更高的意識層次。」

奧里接著說：「有些境外文明甚至被稱為『星際家人』，因為你們地球中的一些人，其靈魂其實來自於這些星際文明。這也解釋了為什麼有些人一看到星空就心潮澎湃，或者對宇宙探索充滿了莫名的渴望。這些靈魂來到地球，雖然過著人類的生活，但同時也帶著星際的智慧和使命，就像是在地球上派駐的『星際外交官』，扮演著促進意識覺醒的重要角色。」

「聽起來蠻酷的，那他們怎麼幫助我們提升意識？有什麼特別的『星際秘訣』嗎？」我好奇地問道。

奧里透著幾分神秘：「還真有一些『星際秘笈』。這些境外文明幫助人類提升意識的方式非常多樣，而且很貼心，根據每個人的靈魂準備度來安排。讓我來列舉一些吧。

「首先是能量調整與頻率提升。這些文明擁有非常高超的能量技術，能夠幫助地球進行能量調整，簡單說，就是給你們升級。他們把高頻能量傳遞到地球，這些能量會影響到你們的能量場，幫助你們釋放那些恐懼和執著，就像把舊版程式給卸載一樣，讓你們的意識更加覺醒。」

「這些能量調整，人類自己能感覺得到嗎？」

奧里回應：「答案是肯定的。當高頻能量傳入時，人們常常會出現一些看似微妙卻意義深遠的感受與變化。例如，有些人在靜坐或夜晚靜心時，會突然感覺到一股溫暖或細微顫動的能量流動，彷彿整個身體被輕柔的光所包圍。有些人則會開始做一些與宇宙、星際，甚至是前世有關的夢境，醒來後心中莫名湧現熟悉感與啟發。還有一些人，會突然對過往執著的情緒或觀念產生鬆動，開始用不同的角度看待人生，甚至願意主動探索靈性、療癒與意識的話題。

「再者是夢境與冥想中的指引。有些時候，境外文明會透過夢境或者冥想來聯繫你們。比如，你們在夢中可能會看到某種不太理解的符號，或者感受到某種來自星空的指引，這些都是他們在悄悄幫助你們，讓你們對自己靈魂的使命有更多的了解。」

「還有星際種子的啟發。」奧里繼續道。「一些靈魂被稱為『星際種子』，他們帶著境外文明的頻率和智慧來到地球，肩負著特定的使命。他們對科學、靈性和創造特別有興趣，甚至顯得有些超凡。他們的存在就是境外文明對地球的一大貢獻，他們幫助人類往更高的意識層次前進。」

「最後，還有古老智慧的傳遞。」奧里的聲音中透著一絲懷舊。「你們是否曾想過，為什麼古代文明中有如此高深的天文知識？很多古老的智慧其實來自於境外文明。他們曾透過各種方式將技術和智慧傳給你們的祖先，這些知識被記錄在神話、建築甚至象形文字中，等著你們發掘和理解。」

「那這些境外文明是什麼樣的？」我問。「他們只是『外星人』嗎？」

「哈，其實『境外文明』這個概念要比『外星人』廣得多。這些生命體不僅僅來自於你們常見的星球，還可能來自其他星系，甚至更高維度。讓我給你一些例子：外星生命，就是你們所說的『外星人』，來自其他星球或星系，可能是有物質形態的生物，也可能是能量體，科技相當發達。

「多維度生命，有些境外生命存在於不同維度中，所以你們的五感根本無法察覺到他們。這些存在就像是靈性層面的隱士，擁有高度智慧。

「還有高頻率文明，這些生命生活在比地球更高的振動頻率中，他們對地球的幫助多是靈性上的，比如調整能量、提升意識等。」

「可是有些人害怕這些境外文明，擔心他們會對地球不利。這樣的擔憂有道理嗎？」我有些遲疑地問道。

「這樣的擔憂其實很正常。人類對未知事物的第一反應往往是恐懼，更別提外星這些『神秘嘉賓』了。確實，宇宙中有些文明可能並不像你們想像的那麼和善。有些境外存在對地球的興趣可能是基於資源的需求，或者是其他目的，這些存在的行為並不總是符合人類的最佳利益。

「但你們可以放心，地球目前是處於保護模式中的。很多高頻境外文明——那些以愛、和平為基礎的文明，正在幫助地球抵禦那些低頻的干擾。他們就像宇宙的和平使者，希望地球能夠順利提升意識，進入更高的層次。因此，大部分境外文明都是充滿善意的。

「而且你們自身的意識水準提升也很重要，這是防止不良影響的最佳方式。當你們的意識越來越提升，內心越來越充滿愛，地球的振動頻率也會隨之提升，這樣那些低頻的存在就自然被排除在外了。所以說，保持內心純淨和充滿愛，不僅對你們自己好，還能幫助整個星球。」

「那麼，我們應該和這些境外文明建立聯繫嗎？還是說只需要做好自己就好？」我問道。

「這個答案有點『因人而異』。對一些靈魂來說，與境外文明的聯繫是靈魂成長的一部分，這種聯繫對他們很有意義。但這不代表所有人都需要主動去尋找這種聯繫。關鍵是你們的內在感受，看看這種聯繫是否能幫助你們找到更深的和平與愛。

「如果你們對境外文明特別有興趣，或者覺得心靈中有一種『星際呼喚』，那麼很可能這是你們靈魂的一部分記憶在喚醒你們去探索。這樣的探索可以擴展你們的視野，打破只局限於地球的經驗，感受到自己與宇宙的深刻聯繫。

「但請記住，這樣的聯繫應該建立在愛與尊重的基礎上，而不是因為恐懼或想要控制什麼。如果你們以開放和平的心態與高頻的境外文明建立聯繫，這會是一種積極且充滿啟發的經驗。

「最重要的還是你們與自身靈魂的聯繫，這才是一切探索的根本。境外文明的存在只是讓你們看到更大的宇宙，但最終的開悟和成長始終來自你們的內在。當你們找到內在的愛與和平，與自己的靈魂建立聯繫，境外文明也不再是外來的，而是你們更廣大靈魂旅程的一部分。」

「這樣看來，境外文明其實幫助我們認識到自己是宇宙的一部分，不再覺得地球是孤立的。」我說道。

「完全正確。境外文明的存在就是要告訴你們：地球不是孤島，而是宇宙這個超級大『社交圈』的一部分。當你們意識到這一點，恐懼和孤獨感就會減少，取而代之的是與宇宙合一的感覺。」

奧里最後說道：「宇宙的本質是愛與和諧，境外文明的存在正是為了幫助你們認識到這一點。他們在遠方守護著地球，就像一群耐心的長輩，看著你們這些小孩慢慢學習、成長。只要你們保持內心的開放和愛，願意不斷成長，就能和這些高頻文明建立深層次的聯繫，並一起為地球和整個宇宙的進化貢獻力量。所以，不要害怕那些『星際家人』，他們其實一直在等著你們成長，好讓你們加入他們的大聚會呢。」

三星堆與星際智慧

「奧里，我一直聽到一些說法：許多人認為埃及的金字塔或者中國的三星堆是由外星人建造的。這些建築真的是外星文明的創作嗎？它們和境外文明有什麼聯繫？」

「這是一個非常有趣的話題。其實，金字塔和三星堆的建造背後確實有非常深厚的靈性和文化背景，也可能涉及境外文明的影響，但不一定完全是由外星人親自『上手操作』建造的。

「首先來說說金字塔，特別是埃及的大金字塔。這些建築被視為古代世界的奇蹟之一。它的結構精準，與星空的對應非常精妙，這一點早就讓很多人好奇：當時的人類究竟如何做到的？畢竟，它們顯示了對天文學、幾何學、能量流動的極高理解，這些技術似乎超越了當時人類的認知和技術水平。因此，有人說這些知識和技術是來自境外文明的幫助。」

「其實，金字塔的建造更像是地球上的智慧生命和某些高頻境外文明共同合作的結果。」奧里的聲音彷彿穿越時空。「在古代，地球人類與一些境外智慧存在之間的交流相對比較開放。有些高頻的境外智慧生命會與地球人互動，將他們的知識、技術以及靈性觀念傳達給人類。金字塔的設計不僅僅是為了讓法老安息，它還有可能是一個能量放大器，或是一個冥想與靈性啟迪的場所，利用它特有的形狀和結構來和地球、宇宙的能量場相互連結。」

我好奇地問：「這麼說來，金字塔不只是陵墓，它其實還有更深的靈性意涵？」

「沒錯。金字塔的設計裡面蘊含著對宇宙能量流動的理解。你可以想像它像是一個巨大的『能量塔』，能夠與地球、宇宙的能量場發生共振。這種共振可以被用來增強個人的靈性狀態，幫助靈魂的提升——就像是一個巨大的靈性『充電器』。」

奧里頓了頓，目光似乎穿越時空，來到中國的古代文明：「至於中國的三星堆，這個遺址更加神秘而獨特。三星堆的發現震撼了整個考古學界，裡面出土的青銅器和雕塑風格獨特、神秘莫測，與其他地區的古代文明風格截然不同。那些高鼻大眼的青銅面具、巨大的手型雕塑，彷彿充滿了外來的象徵意涵，甚至讓人懷疑它們是從地球以外的地方得到的靈感。

「三星堆文明的這些特質來自與境外文明的接觸，因為這些風格和象徵超出了當時地球文明的常規模式。三星堆的祭祀儀式中，有著與星際智慧的交流，那些獨特的雕塑和圖騰反映了他們與宇宙的深層聯繫——這種聯繫不僅僅是文化上的，也可能是靈性上的，透過某種意識的共振達成。」

「所以，金字塔和三星堆的建造是人類在境外文明幫助下的合作結果，而不完全是外星人自己建造的？」

「這些古代建築是人類智慧的結晶，但在背後確實有來自境外文明的靈感、指導和支持。那個時候，人類文明和境外智慧存在之間的交流是相對開放的——就像一個共同的項目合作，有點像外星人做『顧問』，人類負責『施工』。那些來自其他星系或維度的存在將他們的知識與人類分享，目的在於幫助地球上的人類意識得以提升和進化。」

我忍不住笑了起來：「所以他們不只是來地球『建築探險』，更像是帶著某種使命來幫助我們成長？」

「可以這麼說吧。他們就像是一群對地球文明充滿愛心的『星際志工』。那些來自境外的智慧存在希望幫助地球人類更快地覺醒，讓人們能夠與宇宙建立更深的連結。建造金字塔或三星堆，只是他們幫助人類理解宇宙能量運行的一種方式。

「金字塔和三星堆其實都是某種形式的『宇宙橋梁』，它們不僅幫助古代人類了解宇宙的本質，也幫助現代的人們感知到古代文明與宇宙的深刻聯繫，喚醒內心的靈性記憶。」

我問道：「這些建築對於我們現在的靈性探索有什麼樣的意義？」

「金字塔和三星堆這些古代建築，不僅是古代智慧的遺產，也是現代人靈性探索的重要鑰匙。這些建築在提醒著——你們不只是生活在地球上的『地面居民』，你們還與宇宙中的其他智慧有著深層的聯繫。這些聯繫並不是停留在過去，它們一直存在，只是很多人因為現代生活的壓力和分心而沒有注意到而已。

「例如，金字塔的結構具有強大的能量共振作用，這種能量不僅僅是為了紀念法老而存在，更是為了喚醒人類內在的能量，幫助靈魂的提升。所以，當現代人去參觀金字塔時，很多人會感覺到一種深刻的敬畏感，甚至有些人會有靈魂層面的啟迪，這些都是金字塔在用它的方式與你們『對話』。

「同樣，三星堆的這些獨特雕塑和器物，也蘊含了對宇宙力量的理解。那種風格和造型，說實話，看起來的確有些『外星感』，這是因為它們本來就包含了來自星際智慧的靈感。這些遺跡提醒你們，地球的歷史不僅僅是地球人的歷史，也是整個宇宙演化的一部分。」

「這麼說，參訪這些地方其實也是一種靈性的旅行？」

「沒錯啊。當你們參觀金字塔或三星堆時，不只是看一堆石頭或青銅器，你們其實是在進行一場靈性的『時間旅行』。那些古代建築中的能量還在運作，當你們走進這些空間時，那些能量就會與你們的能量場相互作用——有點像是參加了一場跨越時空的『聚會』。你們可能會感受到一股熟悉的能量，甚至有些靈魂會激發起一種記憶，感覺好像『我以前就在這裡』。這正是因為你們的靈魂深處，對這些與宇宙的聯繫有著自然的感知。」

我點點頭：「我聽說過一些朋友在參觀金字塔時，突然對一些古老的象形文字產生了特別的感覺，彷彿那些符號在和他們『說話』。」

「這些都是靈魂的記憶被喚醒的表現。三星堆也是如此，那些獨特的面具和雕像中隱藏著關於宇宙和人類靈性本質的訊息。你們看著那些奇異的面孔，可能會覺得它們像是在用某種語言跟你溝通——這並不僅僅是你們的想像，它的確是另一種形式的溝通。」

「那我下次參觀這些地方時，應該帶著什麼樣的心態去呢？」

「當你們去參觀這些古老的建築時，最好的心態就是保持開放和好奇，還有對於未知的敬畏感。把自己當作一個靈性探索者，而不僅僅是一個遊客。放慢腳步，閉上眼睛，深吸一口氣，試著感受一下那裡的能量——你會發現，那些古老的石頭、雕塑，可能比你想像的還要『活躍』。

「試著與這些古老遺跡對話，即使只是內心的對話，問問自己：『我能從這裡學到什麼？我內在有什麼需要被喚醒的？』這不是一堂簡單的歷史課，而是一場和宇宙智慧的心靈約會。你可能會驚訝於自己內在感受到的答案，這是一種來自遠古且深邃的智慧。

「金字塔、三星堆，還有其他古老的建築，這些地方其實都是『靈性能量站』，它們不僅告訴你們過去的故事，也在幫助你們理解自己與整個宇宙的聯繫。

「所以，下次你們去這些地方，記得不要只是拍照打卡，更要和這些『星際傳承』的能量建立起共鳴。也許你會有一些有趣的靈感閃現，或者感受到某種不可言喻的溫暖——就好像來自星空的一個溫柔的擁抱。」

外星智慧與地球危機

我經常聽到一些關於外星人保護地球的說法，於是問奧里：「境外文明真的會干預地球上的自然災害、人類戰爭或者核危機嗎？他們會出手拯救我們嗎？」

「這是一個很有趣的問題。你知道的，地球就像一個大型實驗場，這裡的每個靈魂都是來學習、體驗和成長。境外文明確實在關注地球的發展，尤其是現在這個時期，地球的集體意識正在快速轉變，彷彿整個星球進入了一個靈性『青春期』，充滿了混亂和變化。而在這樣的過程中，他們的確會提供一些『看不見的支持』，但干預的方式非常有限且謹慎。」

奧里停頓了一下，然後接著說：「你們可以想像成，這些境外文明更像是遠方親戚，在你們『成長的道路』上不會每次都跑來解決問題，因為他們非常尊重你們的自由選擇。他們不會每次遇到麻煩都上演『外星超人』飛下來救場，畢竟這是你們自己的成長機會。但是，當地球面臨一些特別嚴重的情況，可能威脅到整個地球和更廣大宇宙和諧時，他們還是會選擇插手的。

「比如說，核子戰爭這個問題非常敏感。核武器爆炸釋放的能量不僅會對地球的生態和人類文明帶來毀滅性破壞，還會對周邊星系的能量場產生影響。你們可以把這看成是宇宙中的一個水塘，一顆石頭砸下去的水花可不只留在你們的『池塘』裡，還會濺到別人的地盤。所以，境外文明對於核武器的使用保持高度關注，尤其是在冷戰時期和隨後的一些敏感時刻，他們對地球上的核危機是非常謹慎的。」

我輕輕點頭，腦海中浮現出那些神秘的場景：「事實上，有一些紀錄和未解之謎顯示，境外文明可能曾干預過核武器的測試甚至運行。某些情況下，核武器突然失效，或是核彈頭無法啟動，這些都可能是境外文明透過技術手段來避免核武器給地球和宇宙帶來巨大災難的證據。他們就像是偷偷在後台操作的『安保人員』，確保那些超出『遊戲規則』的行為不會發生。」

接著我又問：「那自然災害呢？像地震、颶風這些他們也會干預嗎？」

「自然災害有些不一樣。地球本身是一個活的生命體，有著自己的調整和進化過程。就像你們的人體需要排毒、流汗，地球也會透過地震、火山爆發等方式來釋放內部能量，這是一種自然的自我平衡機制。所以，境外文明不會直接阻止這些自然現象，因為這些現象其實是地球自我進化的一部分，就像你們身體的『健康調節』一樣。

「不過，他們並不是袖手旁觀的。他們會在能量層面上給予幫助，比如調整一些能量波動，減少災害的影響力，讓損害減到最小。這有點像在暴風雨中給你們撐了一把看不見的傘，雖然暴風雨依然存在，但傘下的人至少能少淋一點雨。此外，在災難發生之後，他們會以更隱秘的方式協助，例如透過靈性指引來幫助災民重新建立信心、找到內在的力量來重建家園。」

「人類戰爭呢？他們會直接介入阻止戰爭嗎？」

「人類戰爭主要是人類集體意識的顯現，是恐懼、貪婪、權力欲望等負面情緒的結果。境外文明並不會直接介入戰爭，因為這是你們人類集體意識選擇的一部分。他們的作用更多是靈性和能量層面的『干預』，而非軍事干涉。他們透過向地球傳遞高頻的愛與和諧的能量，影響人類集體的意識，從而減少人們對暴力和衝突的依賴。

「這種干預更像是種下和平的種子，讓更多人開始珍視和平與合作，而不是衝突和分裂。」奧里語氣中充滿了深意。「境外文明會選擇那些心靈開放、願意傳遞愛和智慧的人作為『通道』，透過這些人把高頻的意識能量帶給更多人，進而影響集體意識的轉變。這就像是播下了很多微小的種子，等著它們生根發芽，最終讓人們逐漸意識到暴力並不是解決問題的唯一途徑。」

「聽起來，他們的干預大部分都是在幕後進行的，人類通常看不到他們的行動？」

「境外文明的干預基本上是非常隱秘的，他們不想影響人類自由意志的選擇。這就像是一個負責任的家長，你不會每次孩子摔倒了就立刻把他抱起來，不讓他自己學習如何站起來。而地球上的靈魂都是來這裡經歷學習的，他們在成長的道路上，免不了要碰到各種挑戰，而這些挑戰正是成長的重要組成部分。

「所以，境外文明選擇的干預方式通常是能量層面的調整，或者在靈性領域提供指引和支持。他們會與一些對靈性特別敏感的人建立聯繫，這些人就像是他們的『電台』，能接收來自境外文明的信號，然後把這些信息帶給更多的人，影響整個集體意識的改變。有些靈性開悟者、藝術家甚至科學家，都可能在不知不覺中受到了這些影響，然後將愛、智慧和啟迪傳遞出去。

「有時候，境外文明也會選擇以比較顯性的方式來干預，比如讓人們目擊到不明飛行物，這些都是有目的的顯現，通常是在關鍵時刻為了提醒人類注意到和平與和諧的重要性。這些行為就像是『宇宙版的煙火表演』，吸引你們的注意力，提醒你們要小心你們的行為可能帶來的後果。」

我靜靜地看著奧里，心中漸漸明白：「所以，境外文明的干預其實是基於愛與保護，而不是想要控制人類？」

「境外文明並不是想來當『宇宙警察』，他們對地球的干預都是基於深深的愛和對整個宇宙和諧的保護。他們的目標不是控制地球上的一切，而是想幫助你們，讓人類能夠在自己的選擇中學習和成長，走向更高的意識層次。

「想像一下，這些境外文明就像是你們的宇宙親戚，他們一直在遠處關注著你們的成長。當你們有危險時，他們會伸出手來保護你們，但是更多時候，他們希望你們能夠自己學習解決問題，從而變得更強大。他們的目的是希望人類能夠透過自己的努力達到意識的覺醒，成為宇宙中負責任的一員，與其他文明和諧共處。

「境外文明對地球的愛來自於他們對宇宙合一的理解。從他們的角度看，宇宙中的所有生命都是相互連結的，就像一個巨大的網絡一樣，每個點都影響著整體。他們理解地球目前正處於一個重要的靈性轉變時期，因此希望幫助地球平穩地度過這個時期，並在適當的時候提供幫助，確保地球不會因為某些極端行為而陷入毀滅。

「所以你們要知道，地球從來不是孤立的，境外文明一直在守護你們，隨時準備在需要的時候提供幫助。而你們所能做的，最重要的就是專注於自己的內在成長，把愛、和平與智慧帶到你們的日常生活中，這就是你們對地球和整個人類集體意識的最強大貢獻。」

我感受到心中的希望，問道：「那麼，我們普通人怎樣才能與這些境外文明建立更深的聯繫呢？」

「與境外文明建立聯繫其實並不需要什麼特別的儀式或設備。最重要的是你們的內心狀態和振動頻率。境外文明的振動通常非常高，而要與他們建立聯繫，你們需要讓自己的振動提升到相應的層次。這意味著要保持愛、喜悅、感恩等正面的情緒，並且不斷提升自己的靈性覺知。

「冥想是一個非常有效的方法，透過靜心冥想，你們可以讓自己內心平靜下來，並且與更高層次的意識建立聯繫。這樣的冥想可以幫助你們打開心輪，讓自己變得更加開放和敏感，更容易感受到來自境外文明的靈性指引。有時候，這些聯繫可能以直覺的形式出現，或者是你在某些特殊的夢中感受到某種智慧的啟示。」

奧里最後又補充：「另外，要相信自己內在的力量。你們每個人都是宇宙的一部分，也都有能力與宇宙的智慧建立聯繫。當你們相信自己能做到的時候，這種信念就會像一把鑰匙，打開與境外文明之間的連結之門。而這扇門打開後，你會發現這些來自星空的智慧其實一直都在等著你們，只要你們願意去迎接它們。」

CHAPTER · 4

科學與靈性的交織

一場探索真理的共舞

那一天，我坐在書桌前，手中的書翻到一頁，寫著：「觀察者的存在，會影響觀察結果。」這句話是量子力學的核心理論之一，我的心微微一震——這裡所說的「觀察者影響實相」，在靈性裡稱為意念創造，不也正是靈性修行者千百年來的體悟嗎？

在那一刻，我感到科學與靈性的距離，彷彿不再遙遠。但我請教奧里：「科學講求實證，靈性講求內在經驗。這樣的兩條路，真的能走到一起嗎？」

「量子力學早已打破傳統物理對世界的理解。它告訴人類，粒子可以同時存在於多個狀態，時間不是線性的，觀察者的意識會影響現實的展現。這些發現，正與許多靈性古老智慧不謀而合。」

我腦海中浮現出靜心冥想時，那些曾感知到的多重現實與內在寧靜的空間。我補充道：「當意識聚焦在哪裡，能量就流向哪裡，這不僅是靈性的真理，也正在被現代科學以不同的語言證實。」

奧里慈愛地回答：「科學和靈性就像兩位性格迥異但命中注定要走到一起的朋友。科學用放大鏡觀察世界，靈性則閉上眼睛感受宇宙的脈動。看似不同，其實他們的目標是一致的——探索真理，理解宇宙的本質。

「科學透過實驗和觀察去理解世界，而靈性則靠直覺和靈魂的體驗來尋找答案。兩者各自走在自己的路上，最終卻會在某個時刻相遇，就像一起參加一場令人驚嘆的聚會。」

我笑著說：「這個比喻真是有趣。那麼，我們在日常生活中該怎樣讓兩者更好地融合？讓它們在同一場聚會上共舞？」

「關鍵是要擁抱兩者的智慧，而不是讓它們爭風吃醋。你知道嗎？很多偉大的科學家其實一直在尋找將物質世界和精神世界統一起來的智慧。他們有時候在實驗室裡測量光的波長，有時候在夜晚仰望星空，感受那份不可言喻的神秘感。

「當你們面臨挑戰時，可以先用科學的方法分析問題，像做數學題一樣冷靜思考；然後再靜下心來聆聽內在的聲音，讓靈性帶領你們看到更深層的答案。這樣的決策，既有理性又充滿靈感，就像是烹飪一頓佳餚——科學是精確的配方，而靈性則是添加的香料，讓這道菜更加獨特。」

我點頭：「所以，我們需要找到一種平衡，既不讓科學過於嚴肅，也不讓靈性過於飄渺，是這樣嗎？」

「沒錯。現代社會很多人過度依賴科技，追求效率和精確，卻忽略了心靈的呼吸。這就好像一輛飛馳的跑車卻沒有加油，跑得再快也遲早會熄火。而靈性就是那個『加油站』，幫助你們找到內在的能量。

「當然，你們也不能讓靈性成為逃避現實的藉口。不能總是飄浮在雲端，畢竟生活還得落地，對吧？靈性和科學應該相輔相成，科學提供你們理解世界的框架，而靈性讓你們看到這些框架背後的意義。這樣，你們就不會只停留在表面，而是能深入到宇宙的本質，看到其中的美麗與奧秘。」

「但是在忙碌的生活中，人們經常覺得無暇靜心，更遑論去體驗靈性。就像想喝杯咖啡，結果咖啡涼了還沒空喝。」

奧里笑著說，聲音中帶著一絲溫暖：「正因為生活忙碌，你們才更需要找時間享受那杯咖啡——哪怕它有點涼了（笑）。在這個充滿干擾的世界裡，每天給自己幾分鐘的靜默時間，就像按下『重啟鍵』，讓自己回到平靜的狀態。

「你們可以從一些簡單的習慣開始，比如早晨醒來時，先不去檢查手機，而是給自己幾分鐘專注呼吸，感受自己的存在。或者在午休時，閉上眼睛深呼吸幾下，給心靈一個小小的休息。就像手機需要充電一樣，心靈也需要這樣的『充電』。這些短暫的寧靜會成為繁忙生活中的安靜港灣，幫助你們在面對挑戰時保持穩定。」

我忽然想起一位朋友，他總覺得靈性修行必須遠離塵囂，甚至認真考慮搬到山上生活。我自己並不覺得靈性一定要靠這樣的外部條件。「奧里，靈性的追求，真的需要特定的環境嗎？」

奧里搖頭微笑：「你這位朋友可能有成為隱士的夢想，這聽起來很有詩意，畢竟誰不想遠離喧囂呢？但真正的靈性平靜來自內心，而不是外部環境。大自然確實有助於人們進入靈性的狀態，但更重要的是，能在任何環境中找到內心的寧靜。」

「如果每次找平靜都得跑到山裡，那修行未免有些昂貴。」我調侃地說出這句話。「真正的挑戰，其實是在繁忙的城市中仍能保持內在的寧靜。當我們能在最吵雜的環境裡穩住自己的心，那才是真正穩固的修行。我常提醒自己：不依賴外境，而是隨時能夠回到內在的寧靜核心。」

「你說得很好。大自然是協助，但非必需。真正的靈性成長，發生在日常生活裡，那些瑣碎、擁擠，甚至令人疲憊的瞬間，正是修煉最好的場域。」

我接著提出一個多年來常常在教學與指導中與人討論的議題：「靈性和科學都在探索宇宙和生命的真相，但在這個科技飛速進展、資訊爆炸的時代，人們卻似乎更加迷失，對生命意義感到困惑。你怎麼看？」

奧里聽後反問我：「那你呢？對生命的意義，有什麼體會？」

「我認為，生命本身並沒有一個固定的意義，而是人們賦予它意義。每個人的靈魂來到這世上，都帶著一段獨特的藍圖與學習課題。靈性修行讓我們逐漸發現那些內在的種子——它們不是被外在灌輸的，而是從內在成長出來的。」

奧里接著說：「生命意義確實不是一成不變的標準答案，而是一段與靈魂不斷對話的歷程。每個人都要在自己的節奏中，慢慢聽見內在的聲音。

「科技的發展確實讓你們的生活更加便捷，但它也可能讓你們迷失於外在的世界，而忽略內心的智慧。你們可以問問自己：『我真正想要的是什麼？我來到這個世界的目的何在？』這些問題可能不會立刻得到答案，但隨著你們的成長和探索，答案會逐漸浮現。」

我點頭：「是的，我常在冥想中感受到一種內在的召喚，不總是以語言呈現，而是一種熟悉的振動，就像靈魂正輕輕提醒：『你記得你來這裡的原因嗎？』這種提醒，是無聲的引導，也是靈性旅程中最珍貴的部分。」

奧里的聲音更加深遠：「這正是許多人容易忽略的關鍵。不要只尋求快速的答案，而是保持對未知的敞開。無論是科學還是靈性，都有其局限，也都有其無可取代的貢獻。當你們願意既用理智去理解，也用心去感受，會發現整體的真相遠比任何單一視角來得深刻。」

他停了一會兒，似乎感應到某種來自宇宙深處的訊息，然後輕聲說：「還有一點很重要——不要害怕困惑與迷茫。那是旅程的一部分。就像海上的航行者，有時會在霧中失去方向。但正是這些時刻，讓靈性的成長更深刻。」

「我曾經也有過迷失的時候，但後來明白，那些低谷其實是一種引導。只有當我們真正允許自己去經歷那些不確定與脆弱，才能打開通往內在力量的大門。那不是逃避，而是一種深度的接納。」

「你能這樣看待，就已經是一種成熟的靈性了。當人們學會在風暴中與情緒共處，不否認也不壓抑，而是從中尋找方向，那就是與靈魂真正同行。」

我心中湧現一種溫暖的安定感，奧里的話不只是答案，更像是打開內在記憶的鑰匙。「謝謝你，奧里。你所傳遞的，不只是知識，而是一種深深的提醒。提醒人們將智慧活用在生活之中。」

「成長本就不是平坦的道路，而是充滿起伏與驚喜的探索。願你們能夠在探索中不斷找到內心的平靜與力量，與宇宙和諧共舞。」

宇宙的創造之旅

夜深，房間裡一片靜謐，只有桌上的檯燈散發著柔和的光。我坐在窗邊的椅子上，手握著一杯熱茶，抬頭透過玻璃望向遠方的夜空。星星在天幕上閃爍，彷彿在低語著宇宙的秘密。

「奧里，宇宙是如何開始的？科學告訴我們一切始於大爆炸，但我總覺得這說法好像還缺少某些靈性上的層面。你能從靈性的角度談談宇宙的起源和創造嗎？」

「這是一個深遠的問題啊。大爆炸理論是目前最普遍的科學解釋，認為宇宙起源於一次極其強大的爆炸，從那一刻起，時間、空間、物質、能量開始擴展。但問題是，大爆炸之前又是什麼呢？這裡正是科學與靈性交匯的地方。從靈性角度看，宇宙的起源並不僅僅是一場爆炸，而更像是一種意識的展開，一種創造的衝動——我們稱之為『創造之意志』。」

我放下茶杯，手掌輕輕貼在窗玻璃上，感受那微微的冰涼。「所謂的『創造之意志』是什麼意思？是某個存在決定要創造一切嗎？」

「你可以這麼理解。『創造之意志』來自於一個純粹的意識——有人叫它『神性』，有人叫它『宇宙之源』或者『無限之源』。這個意識本身是一種無形的愛與智慧的集合，它本來就是一切，但在某個『無時間』的時刻，它渴望去體驗自己。所以，這個意識決定『展開』自己，就像一次宇宙規模的大爆炸。這樣的展開創造了宇宙——無數的星系、行星，甚至我們的內心，都源自這個過程。」

我忍不住追問：「所以，宇宙本身就是這個意識的一部分，這些『分裂』是為了體驗自己嗎？」

「正是如此。宇宙中的一切，從星星到你我，都來自這個單一的意識分裂開來的。這種分裂並不是破壞性的，而是一種探索。每一顆星星、每一個人，都是這個意識在經歷不同的故事。你可以把宇宙看作一場巨大的夢，夢的目的是為了體驗自我，這也解釋了為什麼生命充滿多樣性，為什麼每個靈魂的旅程都如此不同。」

「我能理解創造的衝動是一種對自身的探索，但我很好奇，那個『初始意識』為什麼會有這種渴望？它不是已經是完整的嗎？」

「這是一個很好的問題。」奧里語調中透著一絲感慨。「這個初始意識確實是完整的，它不需要外在的東西來補足自己。但正因為它是無限的，所以擁有無限的可能性。在這些可能性中，包含了『體驗自己』的這一份渴望。這不是來自匱乏，而是來自充盈，就像藝術家充滿創作靈感，不是因為缺少什麼，而是因為創作本身帶來的滿足感。」

「所以，宇宙和我們每一個人都是這個『藝術創作』的一部分，而我們的每個行動和選擇都是創造的一部分？」

「沒錯。你的生活、你的選擇，甚至此刻的思考，都是這個大創作中的一筆。就像藝術家畫出的每一筆線條，你的每一個想法、每一次心跳、每一次微笑，都是這個創造之源在體驗自身的一部分。當有人說『你是神性的一部分』時，這不是比喻，而是實實在在的事實。你們每個人都帶著那份神性，因為你們的本質就是那個純粹的意識的一部分。」

我合上雙眼，腦海中浮現出宇宙誕生的景象：無邊的黑暗中，一點光芒悄然綻放，隨即爆發出無數的星光。「那麼，這個創造過程是否有一個結束的時刻？還是說它會無限地延續下去？」

「創造本身並沒有『結束』。意識的展開是無限的，就像無數漣漪從一滴水落下後不斷擴展。宇宙從大爆炸中誕生，擴展至無邊的星系，但這不意味著創造在某個時間點會停止。它更像是一種『創造、體驗、回歸』的無限循環，就像我們生命的循環一樣。」

「這讓我想到，我們個體的生命也是這樣的過程——從誕生到經歷生活，最終回歸某種內在的源頭。」

「完全正確。個體的生命和宇宙的生命之間有著鏡像般的關係。每個人都是自己『小宇宙』的旅者，經歷生、老、病、死，以及各種情感和挑戰。這些經歷不僅是個人生命的故事，也是那個偉大意識的體驗。一切創造都是為了讓愛與智慧具體化，讓無形的存在變得可以被體驗和感受。」

「那麼，我們如何更好地與這個『創造之源』連結呢？」

「要與創造之源連結，最重要的是找到內心的平靜，並開放去愛。」奧里的語調中透著不容置疑的真摯。「創造之源不是在外面某個地方，而是在你每一個當下，每一次呼吸之中。當你放下那些不斷翻滾的思緒，去感受內心深處那份純粹的存在，並且以愛去看待世界，你就與那個源頭深深相連。無論是透過冥想、與自然連結，還是與他人分享愛，這些都是通向源頭的途徑。」

我輕輕合上窗，房間裡重歸寧靜。檯燈的光映著牆上的影子，彷彿一場無聲的舞蹈。我走到沙發上坐下，閉上眼，深深吸氣。胸口的脈動清晰而溫暖，像是一個微弱卻堅定的回聲。那是一種與宇宙共鳴的感覺——每一次心跳，都回應著星光閃爍的節奏。我感受到自己不僅是個體，更是浩瀚宇宙的一部分，一段不斷書寫的故事，一曲綿延不絕的樂章。

11個維度：宇宙的多層次與靈性探索

夜晚的寧靜籠罩著房間，我看著手中的書，向奧里揭開心中的疑惑：「科學說宇宙有11個維度，這是真的嗎？」我總覺得這個宇宙更像是佛家所說的『三千大千世界』，不只是11個維度那麼簡單吧。」

「這是一個非常有趣的問題！『11個維度』這個說法其實來自弦理論，這是科學家為了把量子力學和相對論這兩個有點格格不入的傢伙放在同一個框架下所想出來的理論。根據弦理論，宇宙中的最基本構造不是粒子，而是一些微小得不得了的『弦』，它們在11個維度中跳著『宇宙之舞』，這舞蹈形成了你們看到的一切現實。

「但記住，這『11個維度』不是宇宙的終極真相，而更像是你們用來理解宇宙的一個『數學小工具』。科學家愛用模型來描述世界，但模型終究是模型，可能有助於解釋很多現象，但它們未必能完全揭示宇宙的最終奧秘。」

我忍不住問：「所以，這意味著宇宙的維度不止11個？還可能有更多？」

奧里的回應如一股清晰的脈動流入心識：「正是如此。11個維度可能只是你們目前理解宇宙的一部分。事實上，宇宙的多維度性遠遠超出你們的想像。佛教中提到的『三千大千世界』其實描述了無數的宇宙和不同的層次，不僅僅是物質層面的不同，更包含了意識層面的豐富多樣。

「你可以把這些維度想像成不同頻道的電視節目，有些節目你可以直接看到，有些節目則隱藏在你們的『遙控器選單』裡，等著你們去探索。某些維度是物質性的，但還有許多層面是超越物質的，你們平時只看到『頻道1到3』，而那些更高維度的『頻道99＋』可能只有在特殊狀態下才能收看，比如靈修或深度冥想時。」

他的比喻讓我眼前一亮，彷彿一扇新世界的大門在我面前打開。我感嘆道：「這讓我想到，我們所感知的世界和實際的世界之間，其實有很大的差距。我們只能看到或感受到一小部分的現實。」

「沒錯。這就像你們用一支小手電筒在黑夜裡探路，看到的只是手電筒光能及的範圍，而黑暗中還有無數東西你們無法看到。你們的感官和大腦主要是為了在三維的物質世界裡生存而設計的，所以自然難以察覺到那些更高維度的存在。但這些維度並非不存在，只是隱藏在你們的『靈性視角』之外罷了。

「有些靈性修行者，透過冥想或其他意識拓展的方法，能『調到那些高頻頻道』，從而體驗到更高的維度。他們的經歷有時候就像是佛教中描述的那樣，進入了一個無數世界交織的境界，就像走進了多層次的『宇宙迪士尼樂園』一樣，充滿了驚奇與探索。」

「聽起來這些維度就像是不同的存在層次，甚至可能包含著不同的宇宙？」

「是的，這些維度就像一層層不同的現實。有些與你們的物理世界交織重疊，只是你們的感官無法感知它們；而有些則完全不同，是屬於高頻率或者純粹意識的世界。佛教的『三千大千世界』其實是一種比喻，暗示宇宙中存在無數層面的世界，每個世界都有自己獨特的規則和特質。

「你可以把它們想像成宇宙中的『劇本庫』，每個維度就是一個不同風格的劇本，而每個靈魂都可以選擇自己要參演的故事。這些層面不僅僅是形狀和顏色上的不同，更是意識的不同層次、感知的不同深度。這些劇本共同構成了宇宙這部無窮無盡的『大電影』。」

「那麼，我們應該怎麼做才能了解或者接觸到這些高維度呢？」

「接觸這些高維度其實不需要某些神奇的科學設備，反而更多是關於內在的探索。冥想、直觀的靈修練習，甚至夢境工作，這些都是通向高維度的途徑。當你們靜下心來，意識便從物質世界的限制中解放出來，逐漸擴展到更深層的領域，甚至能接觸到那些通常隱藏在『普通頻道』之外的維度。

「關鍵是保持一顆開放的心，別被科學的數字困住了。宇宙是無限的，超越了任何理論和模型。不管是11個維度還是無數大千世界，最核心的還是你們內心的愛和理解。這份愛是連結所有層次的真正力量。」

我靜靜點頭，感受到一股溫暖流過心間。「這樣看來，『三千大千世界』

不僅僅是空間或物質的層面，更像是意識和存在的不同層次。」

奧里的訊息再次浮現，頻率中帶著柔和而穩定的力量：「這些世界反映了宇宙存在的豐富性和多樣性。每個層次都在向你們展示宇宙的無限可能，而你們也在這些層次中經歷自己的故事，探索自己的潛力。這就像一場探索之旅，你在旅途中不斷發現新事物，不斷成長。

「當你們開始探索這些不同的維度，會逐漸明白自己與整個宇宙的深刻連結。這不僅僅是一場理論上的理解，而是內心深處的體驗。只要保持好奇心，帶著一顆開放的心去感受每一層的美好，這段旅程就會充滿驚奇和樂趣。」

最後，奧里的意念如一股溫柔而清晰的光流，穩穩落在我的意識中：「每一個靈魂的旅程都是神聖而獨特的。你們的每一步、每一個選擇，都在向宇宙展現你們的故事。你們不是孤立的個體，而是這個偉大創造中的一部分。宇宙在你們身上經歷著自己，而你們也在這無盡的故事中找到自己。」

心靈的Wi-Fi信號：心電感應的秘密

我對奧里說，心電感應和超感知能力一直是我的強項，我常常能夠準確地感受到他人的情緒或即將發生的事情。有一次的經歷特別深刻。當時我正準備出門，心中突然浮現一種強烈的感覺，要我立刻打電話給一位老朋友。我順從了這種內在的催促，撥了電話，結果她告訴我，她剛經歷了一件很糟的事情，正需要有人陪伴。那一刻，就像內心有個鈴鐺在「叮叮」作響，無法忽視。

最近也有類似的情況。我突然想到一位多年沒聯繫的國外朋友，不久後她便主動聯繫我。這些經驗不僅讓我對心電感應充滿興趣，也促使我想進一步探索其背後的原理。

奧里解釋：「心電感應和超感知能力確實存在，它們是人類意識中的『隱藏技能』，只是大多數人尚未開啟這些附加功能。科學目前只能處理可以被量化的現象，而心電感應，就像你們看不見的『Wi-Fi信號』，是一種更深層的意識交流形式。只不過，科學界尚未找到能準確測量這種信號的『接收器』。

「事實上，這些能力不應該被當作『超自然』，而是『超常』——每個人都擁有，只是隨著成長過程中被社會與教育掩蓋了。你剛才提到的經驗，就是心電感應的具體體現。你與那位朋友之間，存在一種跨越時空的心靈連結，就像一條無形的『電話線』。」

我說，有時候我甚至會有很強烈的預感，彷彿某件事就快要發生，後來真的發生了。我問他：「那真的是預知未來嗎？還是只是巧合？」

「這種疑問很常見。其實，這樣的預感就是超感知能力的一種，尤其是與時間感知有關的能力。從靈性角度來看，時間並不是線性的。過去、現在與未來，是同時存在的，就像一層層重疊的三明治，彼此交織。當你處於擴展的意識狀態時，便有可能嗅到尚未發生的『未來片段』。

「這些感知並非偶然，而是靈性感知自然流露的結果。當你的心境敞開，在冥想或內在靜默中放鬆下來，你的意識就像撥通了一條未來的頻道。當然，未來具有變動性，你感知到的只是當下與未來之間產生共振時的一個『潛在版本』。

「心電感應不僅僅是神秘的靈性現象，它在日常生活中也有非常實際的應用。比如在親密關係中，心電感應可以幫助你更加理解伴侶的情感和需求。有時候，你可能會突然有一種感覺，知道對方需要你，甚至在對方還未說出口之前就能感受到他們的情緒。這樣的連結能夠增進彼此之間的理解，減少誤解和摩擦，讓愛變得更加深刻。」

他停頓了一下，讓我感受這些話的力量。「在工作中，心電感應也能成為一種直覺式解決問題的工具。有些人能夠憑藉一種『說不上來的感覺』做出正確的決定，這其實就是心靈在接收環境中的訊號，並綜合出最佳的反應。這種能力在快速變化的環境中特別重要，因為你們的大腦無法在短時間內分析所有的資訊，但心靈可以感知到最關鍵的部分，並給出指引。

「在育兒方面，心電感應也能幫助父母更好地了解孩子的需求。許多父母都有這樣的經驗：當孩子還不會說話時，母親卻能準確地知道孩子是餓了還是感到不舒服。這是一種自然的心靈感應，讓父母與孩子之間建立起深厚的聯繫。

「這些日常中的應用，讓心電感應不再只是遙不可及的能力，而是一種可以幫助你們改善生活品質的工具。它讓你們在與他人的互動中更加敏銳，也讓你們能夠在需要時迅速做出最合適的反應。透過靈性的開放和心靈的練習，這種能力可以逐漸被培養和強化，成為你們生活的一部分。」

奧里補充：「最重要的是，不要認為心電感應是一種超自然的能力，而應把它看作是你們與生俱來的天賦。只要願意去探索和練習，它就能成為生活中一個強大的助力，幫助你們更好地理解自己和周圍的人。」

我心中浮現許多帶領課程的畫面。在教學引導中，我經常觀察到：許多學員其實具備感知力，但他們往往不太相信自己的第一直覺。有趣的是，在訊息進入意識的那一刻，常常會有兩個想法先後浮現——第一個通常快速、純粹、像是一道靈光；而第二個則經過邏輯分析，帶有懷疑和評估。

我會提醒他們：「直覺的訊息，是最真實也最乾淨。它不需要語言，也未必合乎邏輯，但通常直指核心。如果你總是等到第二個訊息出現才行動，就容易錯過來自心靈的即時引導。」

奧里肯定地說：「你說得非常好。這正是許多人與心靈之間尚未建立穩固橋梁的原因。信任，是啟動這項能力的第一步。開啟這項天賦，其實比你們想像中簡單。首先是覺察——開始留意那些突如其來的感受，像是突然想到一個人、知道對方即將說什麼，或感覺到某個情緒正在接近你。請不要忽略這些訊息，它們正是你們的心靈在發送信號。

「其次是靜心與專注。當你們每天給自己幾分鐘靜默的空間，心靈會慢慢清明。這時候，你們對能量變化會更加敏銳。你們也可以和一位熟悉的朋友練習互相感應情緒，然後驗證彼此的感受。這種練習，會像肌肉一樣，隨著時間而增強。」

我深有同感地說：「我常常建議學員準備一本『心感筆記本』，記下每一次出現的第一直覺，以及事後的驗證結果。這樣的紀錄不僅幫助他們分辨直覺與雜念，也慢慢建立起對自己靈性感知的信心與穩定度。

「其實靈感一直都在，只是我們的思緒太過吵雜，蓋過了它的聲音。當我們學會安靜下來、觀察自己並且信任那一瞬的感知，這份天賦就會重新浮現，並成為我們生命中真實可用的力量。」

奧里輕聲回應，語氣穩定而深邃：「心電感應不僅僅是靈性世界的奇蹟，它其實可以成為日常生活中的一部分。讓你們在這個複雜的世界中，找到一條更加自然與真實的道路。」

「事實上，心電感應的存在並不僅僅是靈性體驗，科學也在不斷探索其背後的機制。例如，量子糾纏是一個值得注意的現象，描述的是兩個粒子即使在遠距離分開的情況下，依然可以瞬間影響彼此。這種現象與心電感應之間有著某種相似性，彷彿兩個心靈之間也存在著看不見的連結，可以跨越時間與空間，傳遞信息和情感。」奧里進一步解釋。

「量子糾纏的神秘性，讓許多科學家思考是否人類的意識也可以以這樣的方式相連。這種超越時空的聯繫，或許就是心電感應的科學基礎。雖然科學目前尚無法完全解釋這種現象，但它的存在已經引發了許多關於人類意識和心靈力量的研究。

「另一個有趣的理論是集體無意識。集體無意識是指人類共享的一種潛意識，它蘊含著所有人的共同經驗和象徵。當你有一種強烈的直覺感覺，或是能夠預見某些事情時，這很可能是你接觸到了集體無意識的層面。這種共同的心靈資源使得你們能夠在不依賴語言的情況下，彼此感應，甚至超越個體的限制。

「科學和靈性其實是相輔相成的，科學提供了理性的框架，而靈性則提供了深刻的體驗。當你們能夠把這些理論與靈性經驗聯繫起來，就會發現一個更廣闊的世界。這個世界不僅僅是物質和數據的堆砌，更是心靈深處的探索和發現。」

我心中感受到一種豁然開朗的感覺。「原來科學與靈性之間並不矛盾，反而是彼此補充的。」

「正是如此。當你們開始以開放的態度去看待科學與靈性，便會發現它們其實指向同一個真理。宇宙的奧秘遠不止於你們所看到的現象，還有更多層次等待著你們去探索。而這些層次之間的連結，正是心電感應和超感知能力的核心所在。」

我靜靜感受著這些話語，彷彿自己也連上了那條無形的宇宙網絡。原來心電感應從來不遙遠，只要我願意靜下來，它就一直都在。

全息宇宙：微小部分蘊藏著整個宇宙

「量子力學中有個理論叫『全息宇宙理論』，它認為宇宙就像是一個全息圖，每一部分都包含整體的知識。你能詳細解釋一下這個理論，並說說它和靈性中的『一體意識』有什麼關聯嗎？」

這個理論讓我想起自己在靜心與能量引導中的一些經驗。在某些特別清明的狀態下，我常感受到自己彷彿不再是個體，而是一種能夠感知整體訊息的「節點」，內在與宇宙的流動完全同步。這種體驗與全息宇宙的觀念產生了奇妙的共鳴。

奧里說：「全息宇宙理論是一個相當酷且腦洞大開的概念。簡單來說，這個理論認為，宇宙就像一個巨大的全息圖。你知道全息圖的特點嗎？整個圖像的每一小部分都包含著整體的信息——就好比你把一塊全息圖片摔碎了，每一片碎片仍然能顯示出完整的圖像，神奇吧？」

他停頓了一下，然後繼續說道：「這個概念讓人們明白，宇宙中每一個小部分其實都蘊含著整體的信息。無論是微觀的粒子還是宏觀的星系，甚至包括你們自己，每一個存在其實都包含著整個宇宙的縮影。科學家們認為，宇宙本質上是一個巨大的全息場，而物質世界不過是這個全息場的『3D列印』效果罷了。所以，即便是微小的塵埃，也可能蘊藏著宇宙的大秘密。聽起來是不是有點像科幻小說？」

我聽著奧里的話，忽然想起自己曾經在深度冥想中，清晰感受到身體每個細胞都閃爍著微微的光點，彷彿每一個都是一個微型的星球，甚至是縮小版的宇宙。當時的我，就像正在閱讀一部存放在身體裡的「宇宙原典」。那種震撼感，無法用語言描述，卻讓我深信，全息宇宙不只是理論，更是一種可被體驗的實相。

我驚嘆道：「這樣說來，我們的身體，甚至每個細胞都包含著宇宙的全部知識？這感覺讓我有點『全能』了。」

「沒錯，你的身體每個細胞都是一個『迷你宇宙』。全息宇宙理論就是這麼奇妙。在每個細胞中，都可以看到整個宇宙的縮影。這意味著你們每一個人都是超乎表面的存在，比你們所想像的還要神秘和深刻。你們的內在不僅包含個體的智慧和可能性，這些智慧與整個宇宙共享，就像共享雲端資料庫，資料無所不在，每個人都可以訪問。」

「這也正是靈性中『一體意識』概念的由來。」奧里接著說：「這個概念強調所有的存在，其實都是一體。你們表面上看起來是獨立的，但在更深的層次上，你們與所有的生命、整個宇宙相互連結，密不可分。這也解釋了為什麼你們有時能感受到與他人或自然的深刻聯繫，甚至感知到他們的情緒和感覺。這些聯繫本來就存在，只是被你們的思維和生活中的噪音掩蓋了。」

奧里的語氣帶著堅定。「全息理論揭示了人與人之間、與自然之間的所謂邊界，其實只是三維現實中的一種感知現象，而不是真正的分割。在更高層次的意識中，這些分離感都是幻象。就像宇宙給你們演了一場超級逼真的『實境秀』，讓你們以為彼此是獨立的，但事實上所有的『演員』背後都有著同一個劇本。」

我想起了一位朋友莉亞的故事。某晚，她做了一個非常清晰的夢，夢見她的好友艾瑪正陷入困境。艾瑪在夢裡看起來很糟糕，彷彿迷路在一條灰暗的小路上，滿臉沮喪。莉亞在夢中試著安慰她，告訴她無論發生什麼事，她都會支持她。

第二天一大早，莉亞醒來後覺得這個夢實在太真實了。她決定給艾瑪打個電話看看。結果電話一接通，艾瑪的聲音聽起來果然很低落。原來，艾瑪前一天晚上確實經歷了一些很糟的事情，感到無助和迷茫。當莉亞告訴她自己在夢中看到的景象時，艾瑪驚訝地說這和她昨晚的感覺完全吻合！

這次經歷讓莉亞意識到，她和艾瑪之間的聯繫遠不只是普通的友情，還包含了更深層次的心靈連結。這正是全息宇宙理論的一個體現：看似獨立的個體，在更深的層次上其實是互相交織、互相連結的，就像全息圖中每一部分都包含著整體的信息。艾瑪和莉亞之間的心靈連線，不正是這「一體意識」的具體體現嗎？

我繼續問奧里：「所以，這意味著我們的行為和心念不僅會影響自己，還會影響整個宇宙，因為我們都是這個整體的一部分，對嗎？」

奧里回應：「全息理論的魅力就在於它讓你們理解，每個人的行為和心念都是有影響力的。每一個善念、每一個愛的行動，都是對整個宇宙的貢獻。當人們決定提升自己的意識層次，實際上就是在讓整個人類和宇宙的意識升級。這就像全息圖中的一部分被點亮了，整個圖像就會變得更加明亮。

「所以，靈性修行不僅僅是個人的修行，更是一種集體的『靈性光合作用』。當每個人發光發熱，整個宇宙也會變得更加光明。」

奧里停頓了一下，然後說：「全息理論還有一個重要的啟示，就是時間和空間也不是絕對的。你們常常覺得自己被時間和空間限制住，認為一切都是線性發展，但實際上，在全息宇宙的框架下，時間和空間都是意識的一部分，是可以『彎曲』的。這就是為什麼有些人在冥想或夢境中，能體驗到過去的場景，甚至預見未來。」

我能想像那種感覺，彷彿置身於一個沒有邊界的空間中，時間像是柔軟的絲帶，在周圍輕輕流動，不再是固定的直線，而是一種可以任意彎折的存在。

「這些經歷其實是你們突破了時間和空間的局限，進入了全息場的某個部分，從而體驗到了整個宇宙的本質。在這個全息場中，過去、現在和未來是同時存在的。」

「這就是為什麼有些人能擁有超感知能力，感知未來或者進行心靈感應？」

「正是如此。全息宇宙理論提供了一個框架，來解釋這些看起來像是『超自然』的能力。每一個人都是全息的一部分，所以每個人理論上都能在特定狀態下觸及這些信息。當你們的意識進入到特定的狀態，比如冥想、夢境或者深度放鬆的時候，你們就像是『調頻』到了一個特別的頻道，能夠接收到全息場中的訊息。

「這些能力不是超能力，而是每個人都擁有的潛能。只不過現代社會和教育系統讓大多數人忘記了這些技能，就像你們手機裡那些不常用的功能，還有待探索。這些能力源自於你們的心靈感知力，是意識的擴展，是與宇宙深層次連結的自然表現。

「當理解到自己是全息宇宙的一部分時，這些超感知能力就不再顯得神秘莫測，而是非常自然的現象。每當你們擴展自己的意識，試著感知更高層次的智慧，就像在全息圖上點亮了一個新亮點。這不僅讓你們自己更加光亮，也讓整個宇宙變得更加完整和燦爛。

「所以，你們的內在探索不僅僅是為了了解自己，也是為了與整體宇宙更好地相連。就像每個人都在做自己的『靈性燈塔』，當你們發光時，這個世界也會跟著變得更加光亮。所以，保持好奇心，保持愛和開放的心態，去探索這個充滿驚奇的全息宇宙吧。」

CHAPTER · 5

物質的幻象

時間的牢籠：超越線性限制

「奧里，你一定對宇宙的運行法則有著深刻的理解。最近，我在思考時間的本質，很多理論提到時間並非線性，而是過去、現在和未來同時存在。之前提到的馬雅文明也是這樣認為，但一般人應該很難理解或體會。你能更進一步解釋一下這種非線性的時間觀嗎？」

「時間的非線性本質是宇宙中的一個重要概念，也是超越物質維度的關鍵。你們在物質世界中感知到的時間是線性的——過去、現在、未來依次展開。這是你們體驗生活的一種方式，也是由你們的物質身體和感官所限制，但它並不是真正的時間本質。實際上，時間是一個整體，所有的時間點都同時存在於一個『永恆的現在』中。

「你可以想像時間不是一條直線，而是一個廣闊的空間。你在這空間中選擇一個點去體驗，於是你感覺到那是『現在』。但從更高的意識維度來看，所有點同時存在，只是你當前的意識焦點聚焦在其中一個部分。在這個框架下，時間不再是逐步消逝的資源，而是一個可以被進入、探索與共鳴的意識場域。」

這讓我想起了阿卡西紀錄。「很多人說，阿卡西紀錄是一個包含所有時間、所有事件的能量場。能夠讀取阿卡西紀錄的人，是否正是因為他們能夠超越線性的時間感知，接觸到那些同時存在的過去和未來？」

奧里的意識傳遞回應：「你理解得非常正確。」

我腦海中浮現出自己接觸阿卡西紀錄的經驗。那並不是一場電影般的奇幻場景，而是一種深刻的內在「知道」。那天，我進入一次深層冥想，彷彿滑入了一個寧靜且透明的意識空間。眼前沒有具體的畫面，但心中卻浮現出一段久未碰觸的情感記憶——那是一個在十幾年前人生轉折點上感到迷惘的自己。

最奇妙的是，我不是從現在回顧過去，而是感受到此刻的我正與那個過去的自己同步對話。我看見她的掙扎，也聽見她內心無聲的渴望，而我所能給予的，並不是答案，而是一份溫柔的理解與陪伴。

那一刻我明白了：阿卡西紀錄不僅是儲存資訊的資料庫，更是一個靈魂意識的共鳴場。它不只是揭示過去的檔案，而是讓不同時間點的靈魂彼此交會、理解與療癒。

這樣的經驗後來也延伸到我在個案引導中的實踐。有人在進入這個共鳴場時回溯到童年創傷，重新擁抱那個受傷的自己；也有人與未來的自己產生共振，在困頓中獲得一股清晰的內在力量。例如，有一位個案在職涯迷惘之中，我引導她進入阿卡西的共鳴場。在那個過程中，她感受到一股安定而清晰的頻率，彷彿來自未來的自己，那份意識並未傳遞語言，卻讓她明白——這一切終將過去，而她會找到屬於自己的道路。

奧里的訊息再次顯現：「這就是你們與阿卡西之間的關係。你們不只是去讀取資訊，而是引導他人重新進入那個『永恆的現在』，看見自己早已知道的答案。所謂『看見自己早已知道的答案』，不是外來的知識，而是一種內在記憶的甦醒。那答案一直都在，只是你在某一刻準備好了，於是它浮現出來。這不是學會，而是想起；不是尋找，而是回歸。」

奧里說：「命運是一種藍圖，它包含了你們靈魂在進入這個世界之前所設定的目標與經驗。但這只是一個初始設定。真正決定你們如何實現這些目標、以何種方式體驗這些經驗的，是你們每一次在當下所做的選擇。未來並非單一線性的結果，而是無數條可能性交織的網絡。每個當下的選擇，都是重新塑造命運線的起點。

「阿卡西紀錄中儲存的，不是唯一的命運劇本，而是所有你們曾可能選擇過的路徑與分支。當下的念頭與行動，就像是在這個靈魂網絡中，啟動某條頻率的點亮。你們不是等待命運發生，而是參與命運的創造。

「你們的自由意志是一種強大的創造力。即使命運中有一些關鍵節點，它們是你們靈魂設下的里程碑，但通往這些節點的道路，依然取決於你們的意願與行動。」

我感慨地說：「所以，命運不僅僅是一個預設的藍圖，還是一種教育機制，透過挑戰和考驗讓我們成長和覺醒。」

「其實你們的每一個選擇和行動，都在宇宙中產生了波動。這些波動不僅影響你們的個人命運，也會在更大的範圍內影響集體意識和宇宙的整體進化。

你們在地球上的旅程，是你們靈魂進化的一部分，而你們的自由意志，則是創造這個旅程的關鍵因素。」

「奧里，謝謝你讓我明白了時間的非線性本質，過去、現在和未來的同時存在，以及我們如何透過自由意志來塑造自己的命運。」

「時間是你們的朋友，而不是敵人。當你們理解時間的真正本質，你們就能超越物質世界的限制，走向更高的覺醒。」

「等等，你剛剛說『時間是朋友，而不是敵人』，這句話是什麼意思？」

「這句話旨在傳達一個更深層次的理解。時間並不是一種限制你們、讓你們焦慮或緊迫的力量，而是你們靈性成長與體驗的盟友。許多人在日常生活中將時間視為一種壓力源，擔心時間不夠、時間流逝太快，或認為時間帶走了他們的機會、青春與生命。這種觀念使時間看起來像是一個敵人，總是在逼迫你們向前或困住你們。

「然而，時間的本質並不是這種線性的壓迫感。若你們能夠理解時間的非線性本質，就會看見：時間其實為你們提供了無限的可能性與成長空間。時間在每一刻都為你們帶來了創新的可能性以及機會——無論是在物質世界的選擇上，還是在靈性層面的覺醒上。」

我點點頭：「從這個觀點來看，時間是靈魂的夥伴——不是用來對抗的對象，而是人們每一次覺醒、改變與選擇的舞台。」

「這正是非線性時間的力量所在：你們不是被時間推著走，而是與它一起合作。因此，每一個當下的轉念，每一個意識的提升，都是靈魂重啟命運的契機。永遠不會有『太遲』這回事。只要意識覺醒，任何時刻都可以成為新的開始。」

永恆變動：揭示不變的真相

窗外的風聲像是一首未完成的樂章，隨著節奏起伏不定。我在這微妙的寧靜中再次尋找奧里的智慧。

「奧里，」我靜靜地問：「我們談了時間的幻象，現在我想更深入地探討『一切不變的幻象』。這個概念似乎更為深邃，你能詳細解釋它的含義嗎？」

奧里的訊息在意識中浮現：「『一切不變的幻象』是一個極具哲理的主題，涉及你們人類對穩定性與永恆性的深信不疑。這個幻象在你們的感知中是如此根深蒂固，以至於大多數人從未質疑過它的真實性。你們總認為某些事物是恆定的，例如時間、空間、物質，甚至對自我的認知。然而，這些所謂的不變，實際上只是一種幻象，是你們對於事物表面的執著。」

窗外的風逐漸變強，彷彿在印證這段訊息。所有的一切，其實都在變動中。

「為什麼人類會如此依賴這種不變的感覺？」我好奇地問。

「這種依賴源於人類的生存本能。你們的大腦習慣於尋找模式並依賴這些模式來確保生存。如果一切都在不斷變化，對於你們來說，生存會變得極其困難。因此，大腦透過固定模式、創造穩定感來維持心理的平衡。然而，這種穩定感並非真實。真相是，宇宙中的一切都是不斷變化的，即便是最穩固的物質世界，也只是一種振動能量的表現形式。」

我靜靜坐著，感受意識中傳來的共振。忽然，一個更貼近日常的畫面在腦海中浮現。生活中，我們總以為一樣東西『摸得到、看得見』就是真實而穩固的。但其實，這些感覺也經常誤導我們。

就像兩塊同極的磁鐵。當你試圖將它們靠近，它們會互相推開。你越用力，它們反彈得越遠。你明明『感覺到有東西在那裡』，卻無法真正接觸到它。這種無形的排斥力，就像原子之間的能量牆——你以為你碰到了「東西」，但你真正觸碰到的，其實是能量場的反應。

又像水。它既可以是液體、可以變成冰，也可以蒸發成氣體。你手中握著一杯水，看似是固定的形體，但只要溫度或壓力改變，它便會迅速轉換成全然不同的樣貌。水沒有「不變的形狀」，它只是在當下的條件下展現出某種樣態。

奧里的訊息顯現：「這便是宇宙的寫照——一切都是能量的流動與狀態的轉換。無論是石頭、磁鐵，還是水，你看到的，只是暫時的排列。當你開始從這些生活中的小現象，去觀照更大的實相，你會發現：你以為的穩定，從來只是短暫的樣貌。真正的存在，是無限變化中的覺知。」

這些話在我心中激起波瀾。「所以說，這種不變的感覺其實是一種錯覺？如果我們能意識到這一點，是否能夠從幻象中解脫出來？」

「正是如此。」奧里平靜地答道。「這正是靈性覺醒的關鍵之一。當你們開始認識到所謂的『不變』只是幻象的一部分，你們便開始擺脫對穩定的依賴，進而接近真實。人們認為時間是線性的、不可逆的，這讓你們覺得過去的事情永遠無法改變，未來則充滿了不確定性。然而，從更高的維度來看，過去、現在、未來是同時存在的，這是一個無限的存在場。」

我忍不住問：「如果一切都在變化，那我們是否就無法真正把握任何東西？這種不確定，是否會讓人感到失去安全感，甚至迷失方向？」

奧里的訊息回應：「不變的幻象，讓你們覺得有某種東西是可以把握的，這帶給你們短暫的安全感。然而，這種安全感是脆弱的，因為它建立在錯誤的基礎上。當你們覺醒並認識到一切皆在變化的真相時，最初或許會感到迷失，但隨之而來的是更深的自由。

「這種自由來自於放下對『穩定』的執著，並接受宇宙本質上的流動性。當你們能夠在變化中找到平衡，並與宇宙的動態本質協調一致時，你們將不再被幻象所束縛，反而能夠在變化中找到自己的定位與方向。」

我若有所思地說：「這聽起來像是一種更高維的智慧，能夠在不確定中找到確定。我們該如何實踐這種智慧呢？」

「首先，你們需要培養對變化的接受力。這是一種心靈的彈性，能夠面對生活中的起伏而不失去內在的平衡。其次，你們需要放下對不變性的執著。例如，你們可以思考生活中的某些固定模式，並詢問自己：『這些模式是否真的如我所認為的那樣不變？』這種質疑會讓你們看穿幻象，進而看到更深層的真相。」

這句話引起我內心的共鳴，也讓我想起在輔導或課程中常見的一些例子。有人會說：「我就是沒辦法改變我的情緒反應，一旦被批評就會崩潰。」也有人說：「我就是這樣，從小就不相信自己能成功。」這些話語聽起來理所當然，卻恰恰暴露出對「自我模式」的僵化認定。

然而，當我引導對方回到源頭，看到這些反應其實源於童年的經驗、社會的框架，或是一次未被療癒的創傷時，他們才驚訝地發現：原來所謂的「我就是這樣」其實是可以被轉化的。

正如奧里所說：「當你們開始觀察這些日復一日的自我對話與反應模式，並不再把它們視為絕對時，意識的空間便會打開。這就是轉化的契機，也是能量真正開始流動的時刻。」

我沉思片刻，然後問：「奧里，很多人認為走在靈性的旅程一旦到達某個境界後，就一切不變了。所以，這是否也打破了人們的迷思？」

奧里點頭回應：「絕對如此。許多人認為靈性是一種固定的狀態，達到某個境界後便不再有變化或挑戰。然而，靈性本身也是不斷演變的過程。無論是靈魂的成長還是與宇宙的連結，這一切都在不斷地流動與變化。

「當你們認識到這一點，便會發現靈性旅程並不是一條直線，而是一個無限的循環。在這個循環中，每一次體驗、每一次學習，都是在更深層次上與宇宙連結。這種理解會讓你們更加開放，並能夠在靈性旅途中不斷成長。」

「這種無盡的變化，是否也意味著我們永遠無法達到最終的靈性目標？」

奧里的意念清晰如光：「確實，靈性旅途並沒有一個固定的終點。所謂的目標，其實也是幻象的一部分。真正的靈性覺醒在於對變化的接受，以及在每一個當下與宇宙的合一狀態。換句話說，靈性旅途並不是通往某個終點的道路，而是一個無限的當下體驗。當你們能夠在當下找到與宇宙的共鳴，並接受生命中的每一個變化時，你們已經在實現靈性目標了。

「透過問題，我們可以一起探索更深的真理。真正的智慧並不在於尋找穩定與不變，而是在不斷變化的宇宙中找到自己的中心，並與這種變化和諧共舞。」

在這段對話結束後，我感到一種新的力量在心中流動。窗外的風聲成為生命的一部分，隨著它的變動，我彷彿也在這無盡的流動中找到自己的方向與平衡。

頭腦的謊言：走出心智的牢籠

我坐在書桌前，心中再次浮現一個問題，於是我呼喚奧里。「奧里，」我低聲道：「我們經常依賴頭腦來理解世界，但也有人說頭腦本身是一個巨大的幻象。真的是如此嗎？」

「頭腦的幻象是一個極其複雜且微妙的現象。它涉及到你們如何使用頭腦來感知和解釋現實。頭腦被用來處理信息、分析情境、協助生存。然而，當你們過度依賴頭腦時，頭腦的運作方式本身便成為了一個幻象。

「這個幻象源自於你們對頭腦的錯誤認知。許多人認為頭腦就是自我，它是所有思想、感受和行為的中心，並且掌控一切。但實際上，頭腦只是你們意識的一部分，而非全部。更重要的是，頭腦的運作模式經常受到既有信念、情緒和社會條件的影響，這使得它無法看到真實。」

「也就是說，頭腦不僅限制了我們對現實的理解，還在某種程度上創造了錯誤的現實？」我疑惑地問。

「是的。」奧里解釋：「頭腦的幻象主要體現在兩個方面。

「第一，頭腦試圖將無限的現實縮小為有限的概念和定義。這些概念和定義幫助你們理解世界，但同時也限制了你們看到世界的全貌。頭腦透過分類、判斷和分析，創造出一個似乎有條不紊的現實，但這個現實並不是真正的現實，而只是頭腦根據其過去的經驗和信念所編織出的虛構。

「第二，頭腦的運作傾向於用過去的經驗來做出預測和決策。這使得你們陷入一種循環模式，當你們不斷依賴頭腦來生活時，其實是在不斷重複過去的模式，而非真正地活在當下。頭腦因此成為一個困住你們的牢籠，使你們無法看到更高的真理。」

這些話讓我想起許多個案在輔導中說的：「我知道我應該改變，但就是做不到。」這種卡住，往往來自於頭腦在保護舊有模式時，阻斷了意識的流動。

我問：「我們要如何識別頭腦的幻象，並從中解脫出來呢？」

「識別頭腦的幻象需要耐心和覺察力。首先，你們需要了解頭腦的運作模式。頭腦喜歡分類、分析、判斷，這些都是它的基本功能。問題並非出在這些功能本身，而是出在你是否誤以為頭腦的聲音就是全部的你。」

我想到在我的教學中，常引導個案將注意力回到內在：「這個想法，是你靈魂深處的渴望？還是頭腦根據過去經驗產生的反應？」這樣的提問會讓人開始分辨——頭腦只是資訊處理系統，而不是導引人生的唯一導航。

「沒錯。頭腦的功能應該被『善用』，而不是『主導』。你們可以分析一個工作機會的條件，但是否接受它，則來自你們內在是否感到擴展、喜悅，或直覺地知道『這是對的』。這種直覺，常超越頭腦可以解釋的邏輯，卻往往更貼近真實的自我。」

確實，我有一位朋友長年在一份高壓卻穩定的工作中煎熬。頭腦告訴她：「這裡薪水不錯、福利穩定，不應該辭職。」但每次進入冥想時，她內在總浮現強烈的不安與倦怠感。我引導她做了幾次能量場調頻與直覺書寫，最終她開始聽見一個更深層的聲音：「你已經準備好轉向更有靈魂感的工作了。」她最後做了轉換，雖然起初不確定，但後來找到了更能發揮天賦的舞台。

奧里認同地表示：「這正是覺察與頭腦合作的例子：不是排斥頭腦的分

析，而是讓直覺領航，頭腦來協助規劃與落實。」

「這種觀察頭腦的過程，是否會讓我們對頭腦產生排斥或抵抗？」我疑惑地問。

「有些人的確會在識別頭腦的幻象後，開始對頭腦產生排斥感，認為頭腦是不可信的、甚至是敵對的。但這種態度其實也是一種幻象。

「頭腦本身並非敵人，而是一個工具。問題不在於頭腦的存在，而在於你如何使用它。當你過度依賴頭腦，並讓它成為唯一的指導時，你便被困在幻象中。但如果你能以更高的覺知來使用頭腦，它將成為你靈性成長的重要助手。」

「這意味著我們需要找到一種平衡。」我說。

「對，」奧里點頭。「使用頭腦來處理日常生活中的問題，同時也不被它的局限性所束縛。這種平衡來自於對頭腦的覺察，而非排斥。」

「如何在生活中找到這種平衡呢？有沒有具體的練習可以幫助我們？」

「當然有，這裡有幾個具體的練習可以幫助你們在生活中找到這種平衡。」奧里輕聲說。

「**保持覺知：**當你感覺到自己過度依賴頭腦的時候，試著停下來，深呼吸，並問問自己：此刻我是否完全依賴頭腦的判斷？這種簡單的自我詢問會幫助你們更清楚地看到頭腦的作用，並提醒自己不完全依賴它。

「**專注當下：**許多頭腦的幻象來自於對過去的執著或對未來的擔憂。透過專注於當下，你可以暫時放下頭腦的思維，專注於此刻的感受。可以每天花三分鐘閉上眼睛，觀察呼吸的進出，或感受腳底與地面的接觸。這些簡單的覺察能將你從頭腦的思緒中拉回此刻。

「**與直覺連結：**直覺是超越頭腦的智慧，它來自你們內在的深層，與宇宙能量的流動保持一致。可練習每天靜心後，寫下一段你們內在深處想對自己說的話。不要思考，只要讓筆自然流動。這個過程會讓你們更熟悉頭腦與內在指引的差別。

「**接受頭腦的局限性：**理解頭腦有其功能與局限，不要求它處理生命中所有層次的問題。當你願意接受這一點，就能放下執著於『一定要想出答案』，而是在適當的時候，轉向更高的直覺與內在智慧。」

我對奧里說：「我曾有一位學員，他陷入一段感情的拉扯中，試圖用頭腦分析對方的每一句話、每一個反應，甚至列出優缺點清單，希望從中找出『是否該繼續這段關係』的答案。但這樣的思考讓他越來越疲憊，甚至與自己的感受脫節。

「我引導他嘗試放下分析，不再逼迫頭腦給出結論，而是讓自己安靜下來，問問內在：『當我想到與這個人未來共處的畫面時，我感受到的是擴展，還是收縮？』這種內在感覺，往往比頭腦的列點分析更真實。

「當他開始練習這樣的覺察後，答案在某一晚靜心後自然浮現。他說：『我不再需要找理由留下，是時候往前走了。』那是一種不靠邏輯、卻無比堅定的明晰。」

「奧里，我們所認為的『自我』是否也是頭腦創造的幻象之一？」我繼續問道。

奧里點頭：「是的，頭腦對自我的認知確實是一個極大的幻象。你們通常將自我定義為一個固定的身分，這個身分包含了你們的名字、角色、經歷、情感等。然而，這個自我只是頭腦對過去經驗的累積與解釋，它並不代表你們的全部。

「實際上，你們的真實自我是無限的，它超越了頭腦的界限和時間限制。當你們過度認同頭腦所創造的自我時，便陷入了這個幻象中，誤以為自己僅僅是這個有限的存在。」

「那麼，如何超越頭腦創造的自我幻象，接觸到更真實的自我？」

「超越自我幻象需要從根本上轉變你們對自己的認知。這並不是一朝一夕的過程，而是一段持續的靈性旅程。以下是幾個方法：

「**觀察自我的變化**：首先，你們需要認識到，頭腦所創造的自我並非固定不變的。每天，你們的思想、情感和感知都在變化，這意味著所謂的『自我』並不具備真正的穩定性。透過觀察這些變化，你們會發現自我是流動的，而非固定的。

「**放下身分的執著**：過度認同自己的社會身分，會讓你們陷入自我幻象中。透過放下對這些身分的執著，你們可以開始更自由地探索自己的真實本質。

「**接受無限的可能性**：當你們逐步放下對固定自我的執著，便會發現自己其實擁有無限的可能性。你們不再局限於某一個特定的角色或身分，而是可以在生活中自由探索各種不同的面向。這種自由來自於對自我幻象的解脫。」

「如果我們真的能超越頭腦的幻象，是否意味著我們將擁有一種全新的自由，並能真正掌握自己的生活？」我最後問道。

「是的，超越頭腦的幻象將為你們帶來一種全新的自由感，這種自由不僅僅是表面上的選擇自由，而是一種內在的解脫。當你們不再被頭腦的局限性所困，便能夠以更高的智慧來面對生活中的挑戰，並做出真正符合你們內在本質的選擇。」

我沉默了一會兒，感覺到內心有一股新的力量在湧動。這股力量讓我知道，真正的自由不是來自外在的掌控，而是來自內在的覺醒與解脫。窗外的夜色依舊深沉，但我的心中已經亮起了一盞燈。

分離的假象：回歸合一的真相

「奧里，最近我一直在思考分離的幻象。我們經常感到與他人、宇宙，甚至與自己的靈魂分離。這些感覺讓人困惑，也讓人感到孤獨。你能告訴我，這些分離感是從哪裡來的嗎？」

「分離的幻象源於人類的頭腦和感知。當你們進入物質世界，作為個體生活，你們的頭腦創造了自我這個概念，自我認為它是獨立的，這是保護你們的機制。頭腦的功能之一是讓你們適應這個世界，幫助你們在日常生活中處理事務，但它也有一個限制，那就是讓你們忽視了你們與其他生命和整個宇宙的深層連結。」

「所以，自我感知到的獨立性，其實並不是現實？」我好奇地問。

「自我是你們生活在這個三維世界中的工具，它讓你們能夠體驗個體的存在，但從靈性的角度看，這個自我是有限的，它看不到你們真正的本質，也無法理解你們與萬物之間的合一關係。

「真正的你，是超越個體身分的永恆靈魂。你靈魂的本質與宇宙能量和所有生命形式相連，是一個永遠不會被分離的存在。當你們開始認識到這一點，就會開始打破自我製造的分離幻象，進入合一的意識。」

「但為什麼分離感這麼強烈呢？」我接著問。「有時人們確實能感受到自己與宇宙的連結，譬如在冥想的時候，但這種感覺很快就消失了，回到日常生活中人們又感到分離的狀態。」

「這是因為你們的大部分意識仍然集中在頭腦（Mind）和自我（Ego）的運作上。頭腦和自我會不斷向你們發出信號，讓你們相信你們是孤立的，這是其生存的方式。這些分離感是頭腦用來維持它對現實的控制。

「當你們處於內在的靜默或深度冥想中，這種感覺會暫時消退，你們開始體驗到合一的狀態，這就是你靈魂的真實本質。」

「那麼該如何持續這種合一的感覺呢？」我追問。

「要持續感受到合一，首先需要不斷覺察頭腦和自我的活動，並且不被它們的故事牽引。頭腦有時會讓你沉迷於過去的回憶或未來的擔憂，這些都是分離幻象的表現。當你意識到這一點，你可以選擇回到當下，回到你的中心，這樣你就能更頻繁地感受到那種與宇宙和萬物的深層連結。」

「這不就是靜觀和覺察？」

奧里微笑道：「沒錯。靜觀和覺察是打破分離幻象的重要工具。當你們能夠清楚地看到自己的思維模式，並且不再被其牽著走，你們就開始超越頭腦的限制。當你們持續地觀察自我和頭腦的運作，最終，你們會發現這些分離感只是暫時的現象，它們不是你們真正的本質。分離的幻象就這樣逐漸被瓦解。」

「這樣看來，分離感是一種需要經歷的挑戰？」我沉思道：「我們是否必須經歷這種感覺，才能真正領悟到合一的真相？」

「可以這樣理解。分離的幻象是一種靈性上的試煉，讓你們學會如何超越這個物質世界中的局限。它不僅是一個挑戰，也是你們靈魂成長的一部分。

「每當你們感受到分離，其實都是一個契機，讓你們更深入地探索自己的真實本質。當你們經歷了這個過程，最終達到靈性覺醒，你們會體驗到深刻的合一感。」

我緩緩點頭：「但為什麼在這個物質世界中，分離感這麼普遍？為什麼大多數人都會感覺孤立、孤獨？」

「這是物質世界的特性之一。當靈魂選擇進入這個三維的物質世界，它選擇了一種特殊的經歷，那就是個體化的存在。這是一種靈魂的體驗，透過這種個體化，靈魂能夠探索和學習不同的經歷。

「這種個體化導致了頭腦創造出自我，並進一步加強了分離的感覺。這是一種學習的過程，當靈魂意識到這些幻象的存在，並且開始超越它們時，就能返回到合一的狀態。」

我忍不住問道：「如果靈魂的本質是合一，那為什麼還要選擇來到三維世界，經歷這些分離、孤獨與幻象？不來不是就可以一直待在合一之中嗎？」

奧里沉穩地回應：「這正是靈魂深層智慧的展現。合一是一種無條件的存在狀態，但它也是靜止與圓滿的。為了認識自己，靈魂選擇進入分離的幻象中，透過對立與挑戰來經歷『我是誰』的多重面向。

「就像白光要經過稜鏡才能折射出七彩的光譜，靈魂也需要經歷分離，才能更深刻地理解愛、同理、寬恕與自由意志的真諦。三維世界就像是一所極為精細的靈魂學校，讓每一個靈魂都有機會在限制中練習選擇，在遺忘中重新記起自己的神聖本質。」

「所以，來到這裡不是因為我們缺乏什麼，而是為了更完整地經驗和展現我們是誰？」我低聲問道。

「正是如此，你們並不是從一個錯誤的地方開始旅程，而是從圓滿中踏上回家的旅程。而你們每一次對合一的渴望，正是在提醒自己：我曾是光，也依然是光。」

「奧里，人的孤獨感是否也是一種分離的表現？尤其是在與他人相處時，有時那種孤獨感會變得更為強烈。」

「是的，孤獨感也是分離幻象的另一種表現。當你們感覺孤獨時，實際上是靈魂在提醒你們，正在與內在的自己疏離。孤獨感也是頭腦製造的信號，告訴你們要回歸本質的連結。這時，你們可以轉向內在，透過靜觀，重新感受自己與宇宙的能量流動，孤獨感就會逐漸減少。」

「所以，這是一個持續的過程，我們需要不斷覺察和提醒自己回到合一的狀態？」我問。

「沒錯，這是一個不斷深化的過程。分離感可能會時不時出現，但只要你們保持覺知，並且持續回到內在的統一感，就能逐漸超越這些幻象。隨著靈性成長，這些分離的幻象會變得越來越稀薄，你們會越來越頻繁地體驗到真正的合一。

「請記住，你們不是孤單的。宇宙的智慧和愛一直在引導著你們，只要敞開自己，這些引導就會變得越來越明顯。分離感只是一個階段性的體驗，最終，你們會體驗到與宇宙、萬物的深刻合一。」

窗外的夜色靜謐，心中的孤單也隨著奧里的話語漸漸消散。即使在孤獨的時刻，我知道，真正的我是永遠與宇宙相連的。

死亡的幻象：通往永恆的門

「奧里，死亡是許多人心中最深的恐懼之一。我們經常認為死亡是終點，是一切的結束。但也有人說，死亡只是一個幻象。這是真的嗎？」

奧里語氣平靜：「死亡的幻象是人類意識中最強烈的錯覺之一。從物質世界的角度看，死亡似乎是一切生命的終結，是一個不可逆轉的過程。然而，這種理解僅僅停留在你們對物質現實的感知層面。從靈性的角度看，死亡並不是終點，而是一個過渡、一個變化的過程。這就是為什麼靈性教導中常說，死亡只是一個幻象。

「幻象的本質在於，它讓你們相信某些事物是真實的、固定的，而實際上這些事物並不具備永恆的真理。死亡也是如此。你們被教導死亡是生命的終結，這種觀念使得你們害怕失去存在的感覺，害怕進入未知的領域。然而，死亡並不是真正的終結，而是你們靈魂在宇宙中經歷的一個階段性轉換。」

「如果死亡只是過渡，那我們的存在又是什麼？我們死後會經歷什麼樣的狀態？」我問道。

「當你們的物質身體死亡時，靈魂並不會消失。實際上，靈魂從未依賴於物質身體而存在，它只是借助物質身體來經歷這個特定的生命階段。因此，當身體結束其運作時，靈魂會回歸到更高的振動層次，進入一個更加廣闊的意識狀態。

「這種狀態並不是單一的，它取決於靈魂的進化程度和當前生命所學習的經驗。在許多情況下，靈魂會進入一個過渡階段，這被一些人稱為『中陰身』或『靈魂之間的世界』。在這個階段，靈魂有機會反思自己剛剛結束的生命經歷，並準備進入下一個階段。」

「這聽起來像是一個不斷循環的過程。那麼，死亡與重生之間的循環是否意味著我們永遠無法達到最終的解脫？」

奧里的訊息再次浮現：「死亡與重生的循環確實是靈魂進化的過程之一，

但這並不意味著你們永遠無法達到解脫。相反，這是一個讓靈魂不斷成長、學習和淨化的過程，最終目的是達到與宇宙源頭的完全合一。

「在這個過程中，靈魂會經歷多次的死亡與重生，每一次生命經驗都會帶來新的學習和成長。隨著靈魂的進化，它會逐漸超越對物質世界的執著，進而達到更高的靈性覺知。當靈魂最終完全融入宇宙的愛與智慧中時，便不再需要經歷物質層面的輪迴，這就是解脫的狀態。」

我靜靜地聽著，心中彷彿有一扇門被打開了。「如果我們能夠理解死亡的幻象，是否意味著我們可以減少對死亡的恐懼，並更平和地面對生命的終點，不是嗎？」

奧里的能量中流露出一種溫柔的寧靜：「絕對是這樣的。當你們認識到死亡只是一個過渡，而非真正的終結時，恐懼自然會減少。恐懼往往來自於對未知的恐懼，當你們能夠看穿死亡的幻象，並明白死亡後的存在狀態，那種對未知的恐懼便會轉變為對生命自然過程的接受。

「理解死亡的幻象不僅能幫助你們減少恐懼，還能讓你們更加珍惜當下的生命經驗。你們會明白，生命的每一刻都是靈魂成長的重要機會，死亡並不是這個過程的終點，而是一個新的開始。這種理解會帶來一種內在的平和感，讓你們能夠更加自由地生活，而不再被死亡的恐懼所束縛。」

「如果死亡是幻象，那麼和親人生離死別的痛苦是否也是一種幻象？」我問道。

「從靈性層面看，分離的痛苦確實也是一種幻象。當親人離世時，你們會感受到深刻的悲傷和失落，因為你們認為他們不再存在於這個物質世界中，與你們永遠分離了。但實際上，靈魂之間的連結不會因為物質身體的消失而中斷。

「靈魂之間的愛和連結是超越時間和空間的，它們在更高的層次上始終保持著聯繫。即使在物質世界中，你們的親人已經離去，他們的靈魂仍然存在，並且可以在你們需要時與你們交流或傳遞愛的能量。」

「那麼，是否可以透過某些靈性實踐來加強這種靈魂之間的連結，甚至與已故的親人交流？」我很好奇。

「是的，有一些靈性實踐可以幫助你們加強與靈魂之間的連結，並與已故的親人保持交流。以下幾個方法可以幫助你們更好地體驗這種連結：

「**冥想和靜心**：冥想是與靈魂連結的強大工具。透過冥想，你們可以進入內在的寧靜狀態，並打開與靈魂之間的溝通渠道。在冥想中，你們可以專注於已故親人的形象，並以開放的心態接受他們可能傳遞的信息或感受。

「**夢境工作**：夢境是靈魂之間交流的另一個途徑。許多人在夢中與已故親人相遇，這些夢境常常帶有深刻的象徵意義和情感共鳴。透過記錄和分析這些夢境，你們可以更好地理解靈魂之間的交流，並獲得安慰和指導。

「**設立紀念空間**：在家中設立一個紀念空間，放置已故親人的照片或他們的個人物品，這樣可以幫助你們在物質世界中保持與他們的連結。在這個空間中，你們可以進行祈禱、冥想或簡單的交流，感受他們的能量。

「**直覺和心靈感應**：靈魂之間的交流往往透過直覺和心靈感應進行。當你們打開自己的心靈感應能力時，可以更敏銳地感知到已故親人的存在和信息。這需要你們信任自己的直覺，並注意那些看似微妙的感受或象徵，例如某些熟悉的氣味、聲音，或是突然出現的回憶，這些都可能是他們試圖與你們溝通的方式。

「**寫信給靈魂**：你們可以透過寫信的方式與已故親人溝通。這是一種非常私人的靈性實踐，它能夠幫助你們表達內心深處的感受，並開啟與靈魂的對話。你們可以在信中詢問問題，或是單純地分享自己的生活。靈魂的回應可能會透過直覺、夢境或其他方式到來。」

「這樣看來，死亡並不應該被視為終點，而是一個與靈魂之間保持連結的契機。當我們能夠超越死亡看清真相，是否意味著我們能更積極地面對生命中的其他挑戰和變遷？」我問道。

「正是如此。當你們能夠看清死亡的真相，並理解靈魂的永恆性時，生命中的其他挑戰和變遷也會變得不那麼令人恐懼。你們會明白，所有的經歷，包括困難和痛苦，都是靈魂成長的一部分。

「這種理解能夠帶來深刻的內在平靜，並使你們更加堅定地走在靈性道路上。無論你們面對的是生命中的變遷、關係的結束，還是其他形式的『死亡』，你們都能夠以更加開放和接納的態度去迎接它們。

「死亡的幻象往往帶來恐懼，但當你們能夠深入探索這個幻象背後的真相時，你們會發現，死亡只是靈魂旅程中的一個階段。每一次的死亡和重生，都是靈魂不斷接近真理與愛的一步。靈魂永遠是無限的、永恆的。當你們能夠深刻體會到這一點，死亡將不再對你們構成束縛。你們將能夠自由地生活，並以開放的心靈面對生命中的一切經歷。」

窗外的星空璀璨，透過奧里的解說，我感覺自己的心中彷彿也亮起了一道光。

CHAPTER・6

揭開新時代的靈魂秘密

靈魂年齡的旅程

我問奧里：「最近我一直在思考靈魂的年齡。有人提到老靈魂、年輕靈魂和中年靈魂。這些不同靈魂之間究竟有什麼差別呢？它們各自的特徵是什麼？」

「這是一個非常有趣的話題，觸及靈魂成長的不同階段。每個靈魂都是獨特的，而『老靈魂』、『年輕靈魂』和『中年靈魂』這些稱呼，其實是形容靈魂在成長過程中的不同階段。每個靈魂都經歷過多次輪迴，每次轉世都是一次學習和進化，而這些不同階段的靈魂在地球上的表現方式也各不相同。」

他接著說：「靈魂的『年齡』不是指它在時間上的長短，而是它經歷過的輪迴次數和累積的靈性經驗。讓我們一起看看年輕靈魂、中年靈魂和老靈魂之間的差異吧。」

「年輕靈魂通常處於靈性成長的早期階段。他們對物質世界充滿好奇和熱情，喜愛探索和挑戰新事物，充滿活力和朝氣。對年輕靈魂來說，生命就是一場無限的冒險，他們著迷於成就自己和探索未知。」

奧里這麼說，我就想到之前的靈性諮詢經驗中，有位年輕個案，事業心極強，總是以快速達成目標為優先，對內在世界不感興趣，直到一次情緒崩潰後，才開始進一步尋找生活的真正意義。這是年輕靈魂常見的轉捩點——從外在驅動轉向內在覺醒的契機。

奧里接著說：「這些靈魂更注重外在的物質成就和社會地位，對於個人身分的確立以及如何在這個世界上留下自己的足跡特別感興趣。他們常常以『我』和『我的』為中心，對於自我成就有強烈的追求，並且喜歡掌控外在的事物來獲取安全感和滿足感。」

「中年靈魂則處於靈魂成長的中期，已經經歷了好幾次輪迴，對物質世界的迷戀開始減弱。他們對生命的意義、靈性層面的問題以及人際之間更深刻的連結產生了興趣。他們會問一些像『我是誰』、『生命的目的是什麼』這樣的問題，並且開始尋找更高層次的成長。」

我曾輔導過一位德國心理師，她在臨床工作上極為出色，卻總是感到空虛與倦怠。她說：「我幫了這麼多人，卻越來越感覺不到自己活著的意義。」我引導她進行內在回溯與靈魂藍圖探索，最後她決定轉向整合心理與能量療癒的方向，這便是中年靈魂覺醒的真實寫照。

「中年靈魂面臨的挑戰是如何在靈性和物質世界之間找到平衡。他們一方面還想享受物質生活帶來的樂趣，另一方面又開始質疑這些追求的真正意義。這種內在掙扎很常見，但也正是這樣的掙扎推動了他們靈性的成長。

「在人際關係中，中年靈魂開始展現出更多的同理心和理解力。他們學會了在愛與人際中給予，而不僅僅是索取，並且逐漸認識到每個人都是彼此成長的一面鏡子。」

「那老靈魂呢？」我問道。「他們是不是已經達到某種靈性的圓滿狀態了？」

奧里的意識回應宛如靜水深流：「老靈魂不一定達到所謂的『圓滿』，但確實經歷了許多次的輪迴，靈性經驗更為成熟。物質世界對他們的吸引力已經減弱，更加注重內在的平靜和靈性的覺醒。老靈魂通常擁有深厚的智慧，對生命的本質有著更深的理解，也會傾向於追求與宇宙合一的感受。」

我曾遇過一位年長的學員，在課堂中幾乎不發言，只是靜靜聆聽，偶爾用一句簡單的話點醒全場。他的存在，不靠外在展現，而是一種穩定與沉靜的能量場。這正是老靈魂的特徵——他們的智慧，往往不靠言語，而是以存在本身在傳遞。

「老靈魂更加關注如何幫助他人和服務於人類集體的成長，因為他們明白每個靈魂的成長都在促進整體意識的提升。他們往往以一種深刻的理解力和同理心面對生活中的挑戰，明白每一個經歷都有其靈性的意義。」

「那在人際關係中呢？老靈魂會有什麼特別的表現嗎？」

「老靈魂在人際關係中通常表現出深厚的同理心和理解力。他們能不帶評判地傾聽別人的故事，以愛和包容的態度對待他人的不足。相較於年輕靈魂，他們不會輕易被情緒牽引，而是能夠從更高的視角來看待事情。

「不過，老靈魂也常感到孤獨，因為他們的理解往往超越了周圍大多數人。他們可能很難與那些還在追求物質成就和自我滿足的靈魂建立深刻的連結，但這份孤獨也促使他們尋求那些能夠理解和共鳴的人。」

「這些不同類型的靈魂之間能否互相影響，或者說在一起學習和成長呢？」我問。

「當然能，這也是靈魂旅程中最美妙的一部分。不同類型的靈魂之間的互動，能帶來豐富的學習機會。年輕靈魂可以從老靈魂那裡學到深刻的智慧和如何看到更廣闊的視角，而老靈魂也可以從年輕靈魂那裡感受到生命的活力和無限的可能性。中年靈魂則處於這兩者之間，既能理解年輕靈魂的物質追求，也渴望老靈魂的內在平靜。

「這些不同靈魂之間的相遇，常常是宇宙精心安排的學習契機，讓彼此在各自的成長中找到相互啟發的可能性。」奧里繼續說。「每個靈魂都有自己的成長旅程，彼此的互動就是促進這些成長的一部分。」

「這樣看來，每個靈魂都有其存在的價值和意義，無論處於哪個階段，都有值得學習和珍惜的地方。」我感嘆道。

「每個靈魂的階段都是成長的一環，沒有哪個階段是『好』或『壞』的。年輕靈魂帶來了探索和行動力，中年靈魂在平衡靈性與物質之間尋求理解，而老靈魂則擁有深厚的智慧和愛的力量。這些靈魂共同構成了一個豐富多樣的世界，推動著整個人類意識的提升和進化。

「每個靈魂在這條成長的道路上都有自己的節奏和步伐，而所有靈魂之間的互動，無論是合作還是衝突，都在推動著整體意識的提升。這正是靈魂旅程的美妙之處——每個相遇都是宇宙給予的禮物，幫助我們更加深入地認識自己，也更加全面地擴展我們的心靈。」

我沉思片刻，然後說：「的確如此。不過我發現，有時候不同類型的靈魂之間會有一些誤解，比如年輕靈魂可能覺得老靈魂不夠熱情，而老靈魂則認為年輕靈魂過於膚淺。這種誤解應該如何化解呢？」

「你提到的這種情況非常常見，因為不同階段的靈魂對世界有著不同的理解和需求，這些差異會導致誤解。要化解這些誤解，最重要的是能以開放和不帶評判的心去看待彼此。

「年輕靈魂的熱情和對物質世界的追求，是他們成長中必經的階段。他們需要透過這些經歷來學習如何創造和體驗。而老靈魂的內在平靜和對靈性的追求，是他們多年累積的智慧，是靈性提升的一部分。

「只要你們能夠尊重每個靈魂的成長軌跡，並理解每個階段的必然性，就能減少這些誤解。你們不需要去評判對方是否處於相同的階段，而是尊重彼此的靈魂旅程，並互相支持，共同學習和成長。」

我深深吸了一口氣，感受到一種全新的寬容與理解：「我明白了，每個靈魂都有它應有的位置，這些不同的階段其實是一種平衡，共同構成了這個世界的多樣性和豐富性。」

奧里的意念流動著明亮的節奏：「沒錯，正是因為有年輕靈魂的活力、中年靈魂的探索，以及老靈魂的智慧，這個世界才充滿了不同的可能性。願你們能以愛和理解看待每個靈魂的階段，在每一次相遇中找到成長的契機。」

靈性加速期的親子挑戰與突破

我坐在沙發上，點燃一盞小燈，柔和的光線讓整個房間瀰漫著靜謐的氣氛。「奧里，最近我聽到很多人提到靈性加速期的新生兒似乎有特別的靈魂使命。他們的靈魂類型有什麼特別之處嗎？」我輕聲叩問。

奧里的聲音如同一縷清風，溫柔地響起：「確實如此，靈性加速期的新生兒，帶著與眾不同的能量和使命降臨地球。他們的到來反映了地球振頻的提升和集體意識的進化。」

「那他們的靈魂類型有哪些呢？是什麼讓他們與其他人不同？」

「這些新生兒的靈魂類型非常豐富，每一類型都承載著獨特的能量和目的。」奧里微微一笑，彷彿要帶我進入一趟深邃的探索之旅。「其中最引人注目的是星際靈魂。他們來自宇宙中的其他星系，帶著與地球不同的智慧和振動。

「他們的使命是協助地球進化，幫助人類融合靈性與科技。有時，他們可能顯得與周圍環境格格不入，因為他們內在攜帶的振動與地球不完全匹配。但當他們找到自己的節奏，就會展現出非凡的直覺與創造力。」

「還有其他類型嗎？」

「當然有，比如彩虹靈魂。他們帶著純淨且高頻的能量降臨，像一道彩虹，為混亂與黑暗帶來和諧與療癒。他們通常敏感而溫柔，能感知到他人內心的情緒波動。他們的使命是治癒地球與人類的傷痛，讓集體意識向著更高的頻率進化。」

奧里繼續說：「還有水晶靈魂，他們的能量像透明的水晶，清澈而純淨。他們與更高的靈性領域有著天然的連接，容易進入深層冥想狀態，或者展現出令人驚嘆的洞察力。他們的存在，是為了幫助人類重新連接靈性根源，激活地球上的能量點。」

我微微點頭，對這些靈魂的描述感到無比新奇。「那靛藍靈魂呢？我聽說他們也有很特別的能量。」

「靛藍靈魂通常充滿力量與正義感。他們生來就帶著強烈的使命感，經常質疑權威和舊有的體系。他們的目的是摧毀過時的結構，為新的、更高頻率的意識形態鋪平道路。他們可能看起來叛逆，但其實他們是在為人類的進化奮鬥。

「還有一類光的靈魂，他們的靈魂能量如同純淨的白光。他們是地球能量的穩定器，總是在混亂中帶來平靜與希望。他們的存在能夠安撫人心，讓人們感受到愛與支持。」

我心中升起一股溫暖。「奧里，還有其他類型嗎？」

「當然，地球守護者靈魂也是其中之一。他們與自然有著深刻的連結，彷彿能聽見森林的低語，感受河流的脈動。他們的使命是修復地球的生態系統，喚醒人類對自然和諧的認知。在童年時期，他們可能對動植物展現出極大的愛護，甚至對自然災害有著特別的感知力。」

我忍不住問道：「聽起來新一代靈魂攜帶更高的頻率，與父母之間的溝通會不會因此更困難？有些父母可能無法理解他們的靈性特質，甚至因此感到挫折或無助。」

「這確實是一個值得關注的問題。新一代靈魂的高頻能量與傳統價值觀和行為模式之間可能產生摩擦。許多父母在孩子的特質與行為中，可能看到與自己成長經歷完全不同的地方，這很容易引發代溝。但實際上，這種摩擦是靈性成長的一部分。」

「那父母可以怎麼做，才能更好地與這些靈魂溝通呢？」

奧里微笑著說：「首先，父母需要學會傾聽，用心去理解孩子的需求，而不是用傳統的標準去衡量他們。這些孩子往往具有很強的直覺和靈性敏感度，給予他們空間表達自己是非常重要的。其次，父母可以試著與孩子共同進行靈性的活動，例如冥想、自然探索或藝術創作，這些都能幫助建立深層的連結。

「最重要的是培養同理心。父母應該放下控制欲，以開放的態度看待孩子的行為，並尊重他們的靈性道路。孩子的高頻能量其實是家庭成長的一部分，他們往往會成為父母的老師，幫助父母打開新的視角。當父母與孩子在靈性層面建立真正的連結時，這不僅是一段教育的旅程，更是一場靈魂的共鳴。這種共鳴將成為家庭的力量源泉，讓愛超越所有的差異，成為每一個靈魂的共同語言。」

我感受到一股深刻的平靜，彷彿地球的脈動與這些靈魂的頻率在我的心中交織。未來或許充滿挑戰，但愛與理解的力量將引領我們穿越一切未知。

靈魂類型與天賦之旅

房間裡燈光柔和，空氣中彷彿飄著一絲期待的氣息。我抿了一口熱茶，對奧里說：「你之前提到靈魂的類型，比如水晶靈魂、靛藍靈魂，還有彩虹靈魂、光的靈魂和地球守護者，他們有各自的特點，但要如何在現實生活中運用他們的天賦呢？」

奧里的意念充滿能量：「靈魂類型的多樣性，就像夜空中的繁星，每一顆都擁有自己獨特的光芒。這些靈魂攜帶著不同的使命來到地球，為了支持這個時代的靈性加速。」

靛藍靈魂：改革的火焰

「靛藍靈魂往往是改革的推動者，他們天生擁有強烈的正義與使命感，對於現有的社會結構與規則充滿挑戰精神。他們的目的是打破舊有的模式，為新的、更高頻率的意識形態鋪平道路。

「如果你發現自己對不公平的現象感到極度憤慨，或是經常被稱為叛逆，那麼你可能就是一位靛藍靈魂。他們擁有敏銳的直覺和領導力，適合在社會運動、創業或任何需要創新思維的領域發揮影響力。他們的挑戰在於學會如何平衡內心的火焰，避免因過度燃燒而感到筋疲力盡。」

水晶靈魂：純淨的智慧

「水晶靈魂則是另一種能量的象徵。他們的能量純淨而透明，像水晶一樣，反射著宇宙的智慧。他們往往擁有高度敏感的直覺，能夠輕易連接到更高的靈性領域，甚至在冥想中接收到來自宇宙的訊息。

「水晶靈魂的使命是幫助人類重新連接靈性根源，喚醒內在的光。他們經常表現出非凡的洞察力，能夠看穿事物的本質。如果你發現自己喜歡安靜的環境，容易進入深層的冥想，或對人類靈性進化有深刻的使命感，那麼你很可能是一位水晶靈魂。」

我閉上眼，彷彿能感受到一種清澈的能量在空氣中流動。「水晶靈魂如何運用他們的天賦呢？」

「他們適合在靜心、療癒和指導他人的過程中發揮影響力。例如，成為靈性導師、能量療癒師，或者僅僅透過自己的存在，為身邊的人帶來平靜與啟發。」

彩虹靈魂：和諧的橋梁

「彩虹靈魂則帶著無條件的愛與療癒能量降臨地球。他們的能量像一道彩虹，將不同的頻率連接起來，為混亂的世界帶來和諧與平衡。他們特別擅長感知他人的情緒波動，並用溫暖的能量撫慰人心。

「彩虹靈魂最適合的使命是治癒和連結。他們可以是心理諮商師、藝術家，甚至是普通人群中的能量平衡者。他們的挑戰在於如何保護自己的能量場，避免被周圍的負面情緒所吞噬。」

光的靈魂：希望的燈塔

「光的靈魂則是一群充滿穩定能量的存在，他們如同地球上的燈塔，為迷失方向的人們提供希望與指引。他們的能量純粹且穿透力極強，能夠在混亂中保持內在的平靜。

「光的靈魂適合在困境中成為引導者，無論是作為精神領袖、慈善家，還是在日常生活中默默地傳遞愛與支持。他們的挑戰在於，如何讓自己的光芒穩定而持久，不因外界的干擾而黯淡。」

地球守護者：大地的療癒者

「最後，地球守護者與自然界有著深刻的連結，他們的使命是保護和修復地球的生態。」奧里的語氣變得深沉，如同大地的低語。「他們能夠感知地球的傷痛，並透過自己的行動喚醒人類對環境的敬畏。

「這些靈魂適合成為環保活動家、生態學家，或者在日常生活中實踐可持續的生活方式。他們的挑戰在於，如何在快速變化的現實中堅持自己的價值觀，並啟發更多人加入他們的行列。」

「奧里，這些靈魂類型的描述令人著迷。如果有人想要喚醒自己的天賦，有什麼方法嗎？」

奧里微微點頭：「辨識靈魂類型的第一步是傾聽內在的聲音。問問自己：什麼讓你感到最有意義？什麼事情讓你內心深處感到被喚醒？此外，靈性練習如冥想、能量感知、直覺日記等，都能幫助你更清晰地看見自己的天賦。

「最重要的是，每個靈魂都是獨特的。無論你是哪一類型，都可以用自己的方式，為這個世界帶來光與愛。只要你願意敞開心靈，宇宙就會引領你找到屬於自己的道路。」

三維世界的挑戰與覺醒

之前奧里講到靈魂類型時，我想到現在有很多所謂的高敏人，因為易於感知他人的情緒而承受許多壓力，市面上雖然有許多相關書籍，但還是有不少人感到困擾。「奧里，靈魂在三維世界中似乎面臨許多挑戰，特別是那些靈性敏感的靈魂。他們該如何應對這些困難，找到自己的位置？」

「靈性敏感的靈魂，特別是那些來自較高次元的存在，在三維世界中經常會感到不適應。這並非來自於他們的弱點，而是由於他們本身攜帶著較純粹與高頻的意識場，當這樣的能量進入一個密度更高、思維與制度更為僵化的世界，自然會產生落差與衝突。但這些挑戰，也是靈魂選擇進入地球維度時的重要學習與修煉契機。」

挑戰一：孤獨與疏離感

「作為一位長期與高敏感靈魂接觸的心靈導師，我觀察到他們最常見的困境之一，就是長期感受到與世界格格不入的孤獨感。特別是靛藍靈魂，他們往往對社會結構與權威系統感到疑惑甚至排斥。對他們而言，遵從表面規則是一種壓抑，而渴望創新與真理則是靈魂的本能。

「水晶靈魂則更像是一道無聲的光。他們對環境中的噪音、混亂、人際緊張感受特別強烈，一場普通的聚會可能就足以讓他們感到疲憊。因此，他們常選擇遠離人群，進而加劇內在的孤立。」我向奧里分享自己的經驗。

奧里的訊息指出：「這種孤獨，其實是一種靈魂與環境頻率暫時不一致所產生的感受。當這些靈魂開始接納自己的不同，並不再以世俗的標準審視自我，他們將會在內在找到穩定的錨點。」

「從我的實務經驗來看，」我說：「參與高頻振動的社群，如冥想團體、心靈讀書會、身心靈課程，會大幅降低這種孤立感。就如我課堂的一位學生，她原本總是懷疑自己『太敏感』，直到她參加靈性探索小組後，第一次有了『我不是異類』的感受，並逐漸恢復了內在的穩定與信任。」

挑戰二：與家人或朋友的溝通障礙

「另一項常見的困境，是來自家庭或人際關係中的溝通障礙。彩虹靈魂因其高度的同理心，往往能在對方未開口前就感知對方的情緒變化。然而這種能力，若沒有被理解，反而容易被誤解為『想太多』或『情緒化』。

「例如，有位靈魂敏感的個案曾告訴我：『每次我只是一開口說「你是不是今天心情不太好？」對方就反應過度，好像我在批評他。』這樣的經驗使他逐漸封閉自己，不再輕易表達感受。」

奧里的訊息提醒：「溝通的關鍵，不在於感知多深，而在於如何用對方能理解的語言表達出來。將高維感知轉化為具體而非抽象的話語，是這些靈魂在三維世界中需要練習的技能之一。」

「是啊，如何表達確實是現代人要學習的課題之一。像我就建議學生以具體觀察取代感覺式表達，例如：不要問『你是不是心情不好？』而是『我注意到你今天話比較少，而且晚餐幾乎沒吃，是不是有些事情讓你煩心？』

「這種方式不但能降低對方的防衛心，也讓高敏感的靈魂保有自己的感知力，同時建立起更有品質的溝通橋梁。」

奧里表示：「靈性敏感的靈魂也需要明白一件重要的事——家人或朋友並不一定會與他們有相同的靈性追求。他們不見得關心宇宙的真相，也不會花時間思考生命的使命和多次元意識。有些人對生活的期待只是平靜地過日子，工作、吃飯、旅遊與朋友相聚，這些簡單的滿足對他們來說就已經是完整的幸福。」

我點頭，這正是許多靈魂在成長過程中需要學會的接納與尊重。我曾經遇過學生因為家人對他們的靈性探索毫無共鳴而感到挫折，甚至懷疑是否自己走錯了路。但事實上，靈魂的多樣性就是地球的重要特質——每個人都有不同的靈魂藍圖，各自選擇了不同的成長方式與體驗重點。

「不是每個人都需要追求靈性的高峰。有些靈魂選擇體驗三維世界最純粹的喜悅與感官生活，這也是靈魂旅程的一部分。真正的理解，來自於對差異的接納，而不是試圖讓他人與你站在同一個起點。」

我將奧里的話深記在心。身為引導者，我也學會不強求所有人都「覺醒」，而是去看見每個靈魂在此刻所選擇的頻率與節奏。因為真正的覺醒，不是讓別人像你，而是你能尊重他們不像你。

挑戰三：對物質世界的適應

「來自更高頻率的靈魂，特別是水晶靈魂和地球守護者，往往對三維世界的物質性感到困惑。」奧里的語氣變得更為穩重。「這些靈魂可能會覺得金錢、地位和競爭不是他們追求的目標，但又不得不參與其中，這會讓他們感到矛盾和掙扎。

「比如地球守護者，他們深深熱愛自然，卻不得不面對破壞環境的現實，這會讓他們感到痛苦。而水晶靈魂則可能無法忍受充滿壓力和噪音的工作環境。」

我皺眉：「他們如何平衡這種矛盾？」

「這需要一種心態上的轉變。他們需要將物質世界視為一個舞台，而非靈魂的終極目標。比如，地球守護者可以將保護環境的使命融入他們的工作，例如從事環保行業或推廣可持續的生活方式。水晶靈魂則可以透過靜心冥想，找到內心的平衡，並選擇與他們能量相符的環境工作。

「重要的是，他們需要相信，任何挑戰都是靈魂成長的一部分。只要專注於內心的光，他們總能找到屬於自己的平衡方式。

奧里繼續說：「面對這些挑戰，每個靈魂都可以採取一些實際的步驟，幫助自己適應三維世界，同時發揮內在的天賦。譬如以下這幾件事。」

加入支持性的社群

參與靈性聚會、冥想課程或能量療癒工作坊，能讓靈魂找到志同道合的人，在分享中獲得力量與啟發。

每日能量保護

進行白光冥想，視覺化純淨的光包圍自己，幫助靈性敏感的靈魂隔絕外界負能量，保持內在的平衡。

與自然連結

地球守護者和其他靈性敏感的靈魂，特別需要與自然建立連結。無論是森林漫步、觀看星空，還是聆聽流水聲，都能幫助他們穩定振頻，找到安定感。

學會接納和表達

用簡單的方式與家人和朋友交流，讓他們了解你的需求和感受，而不是試圖說服他們接受你的信念。

信任內在的節奏

每個靈魂都有自己的步伐，不必追隨主流的節奏。相信自己的直覺，找到屬於自己的生活方式，才能更好地發揮靈魂的使命。

夜色越來越深，我感受到內心的力量與希望被重新點燃。「奧里，這些挑戰聽起來雖然艱難，但似乎正是靈魂的成長動力。」

「沒錯，每一個挑戰都是靈魂的鏡子，讓它看見自己的潛能與光芒。當靈魂勇敢面對困難，就會發現自己不僅能超越這些挑戰，還能照亮周圍的世界。」

CHAPTER・7

靈性的揚升與激活

時間真的變快了嗎？

最近，我總聽到身邊的人說，時間變得越來越快，像是被迫生活在一個不斷加速的現實中。甚至有人說，彷彿一天的二十四小時變成了十六小時。這種感受是真的嗎？還是只是我們的錯覺？滿懷疑惑，我向奧里請教這個問題。

奧里微微一笑，他的眼中閃爍著熟悉的智慧光芒。他說，時間本身並沒有真正變快，而是你們的意識正在發生轉變。隨著地球的振動頻率逐漸提升，你們的靈魂也在調整自己的頻率，與地球的新能量同步。這種「時間加速」的感覺，並非時間的絕對改變，而是你們主觀感受的變化，來自靈魂進化過程中的一種適應。

奧里提到了地球的振動頻率，也就是所謂的舒曼共振。這種能量的基本頻率長期以來穩定在7.83 Hz，但近幾十年，尤其是近年來，科學家觀測到舒曼共振頻率開始明顯上升，甚至出現了短暫激增的現象。這些能量波動不僅改變了地球的能量場，也對人類的身體、情緒和意識造成了微妙而深刻的影響。

奧里解釋，當地球的振動頻率加速時，人類的靈魂會努力與這種高頻共振同步。這種過程讓人類感到時間像是被壓縮了一樣，因為靈魂的學習速度正在加快。時間的流動不再是過去那樣平緩，而是一種更快、更密集的體驗。

我不禁問奧里：「為什麼許多走身心靈道路的人，反而更強烈地感受到時間的加速？難道他們不應該更平靜、更能掌控自己的節奏嗎？」

奧里溫柔地說：「這是因為那些專注於靈性成長的人，通常對能量的變化更加敏感。他們在冥想、修行或靜心中打開了更多感知的通道，靈魂的頻率更容易與地球的新能量共振。這種高敏感度，讓他們比其他人更早察覺到地球能量的微妙變化，並轉化為對時間的特殊感受。」

除此之外，走身心靈道路的人常常面臨內在的「加速」挑戰。靈魂的使命推動他們快速成長，清理舊有業力，並完成生命中的重要學習。他們的靈魂深處渴望以更快的速度進化，這種內在的驅動力，讓他們感覺時間像是被壓縮了一樣，彷彿一天的學習量是過去幾年的總和。

我想起一位企業導師朋友的故事。他過去每天花數小時冥想，感受內在的平靜，甚至覺得時間可以「靜止」。然而，隨著他的活動越來越多，他開始帶領更多的企業課程，時間卻變得非常緊湊。他告訴我，即使已經安排了充足的時間，事情還是越來越多，彷彿「時間縮短了」，他感覺到從未有過的壓力。

有一天，他在冥想中接收到一個啟示：「時間的壓縮是宇宙在提醒你，專注於靈魂真正需要的事情。」於是，他開始放下不必要的責任，只專注於最有價值的教學和個人修行。慢慢地，他發現時間感再次改變，不再是壓力，而是一種靈魂的支持。每一天，雖然依舊繁忙，卻能感受到一種深刻的滿足。

奧里進一步解釋了靈性加速的背後原因：

靈魂使命的推動

走身心靈道路的人深知自己擁有特定的靈魂使命，例如幫助他人、清理業力或提升靈性狀態。在使命的推動下，他們的靈魂進化速度加快，導致時間感知變得緊湊而快速。

內在清理的壓縮過程

靈性成長需要清理舊有的情感創傷、業力或限制性信念。這些內在功課在地球頻率提升時被快速放大，每一天都像是在完成幾年的修行，時間的流逝也因此變得更加緊迫。

高敏感度與能量共振

冥想和修行讓人更容易感知地球能量的細微變化。當地球的振動頻率上升時，這些人會更早感受到情緒波動、身體疲憊，甚至對時間加速的強烈感知。

與宇宙意識的同步

靈性成長不僅是個人的過程，還涉及與宇宙意識的共振。當地球集體意識進入新的階段時，走身心靈道路的人會自然地感受到這種轉變，並隨之調整內在的時間感。

聽起來現階段對人類來講，是一個變化和挑戰加劇的時刻，那麼我們又要如何與時間的加速共處？

奧里溫柔地建議，學會與時間的加速共處，而不是抗拒它。他分享了一些具體方法，幫助靈魂在這種快速變化中保持平衡。那就是記錄「時間能量日記」。

與其只是感嘆時間過得快，不如記錄一天中的能量波動，找出哪些時刻感覺時間飛快，哪些時刻感覺緩慢。透過觀察情緒和專注力與時間感的聯繫，可以識別你的「能量高峰」，進而更有策略地安排重要的任務。

1. 時間冥想可視化

奧里建議進行一個簡單的可視化練習，重新調整時間的感知：想像你的時間是一條河流，問自己：現在的流速如何？我希望它更快還是更慢？用意念改變這條河流的節奏，讓你的內在時間感與靈魂的節奏同步。

2. 從焦慮中找到「禮物」

時間的加速往往帶來焦慮，但奧里說，這種焦慮背後藏著禮物——它幫助你看清哪些事情是必須放下的，哪些是靈魂真正渴望的。學會放手，能讓你更輕鬆地進入與時間的和諧狀態。

最後，奧里說：「時間是宇宙送給人類的一份禮物。它的目的不是束縛，而是幫助你們有序地體驗靈魂的成長過程。對於那些走身心靈道路的人來說，時間的加速是一種啟示，提醒你們珍惜每一刻，將注意力放在靈魂真正需要的事物上。」

凌晨三點的靈性呼喚

當我向奧里討論凌晨三到五點間醒來的現象時，內心充滿著好奇與疑惑。「最近我注意到很多人在這段時間自動醒來，包括我自己，這似乎並不只是一般的睡眠中斷，感覺背後蘊含著更深層的意涵。你認為這種現象是否與靈性成長或能量轉換有關？」

奧里有點神秘：「凌晨三到五點間醒來確實不同尋常。這段時間通常被稱為靈性覺醒之窗。這是地球磁場相對最為安靜的時段，靈性能量較為強烈，因此靈魂更容易接收到來自更高頻率的能量與靈感訊息。許多在這個時間醒來的人，其實正不自覺地與更高的靈性層面或更高維度進行連結。」

作為一名身心靈工作者，我也聯想到中醫的觀點，便說道：「這段時間與肺經的運行相關，肺經主呼吸，與情緒的釋放密不可分。凌晨醒來或許不僅僅是能量層面的現象，可能也是我們釋放情緒與清理內在能量的一種表現。」

「透過這種方式，我們可以把這段時間當作一個靈性探索的機會，而不僅僅是睡眠上的打擾。還有其他方法可以讓我們在這段時間深入連結地球的能量嗎？」

奧里沉靜地說道：「透過冥想將自己的能量場連結到大地，尤其在地磁變動期間，能增強穩定性。親近自然或赤腳接地活動，例如在草地上行走，則能幫助重新平衡能量場，減少焦慮和壓力。」

對於越來越多有睡眠困擾的人而言，奧里的話應該會讓人放心許多。以後在凌晨醒來，或許可以當成靈魂探索內在的時刻。當我們能夠理解這些訊號，這些時刻便成了靈性成長和自我覺察的寶貴契機。

靈性加速期的啟示：離開與留下的智慧

這幾週，身邊接連傳來親友離世的消息——我的舅舅走了，一位摯友也安然離開人世。甚至連隔壁鄰居和幾位朋友的毛孩，也因病往生。這些接二連三的告別，讓我心中湧起一股無法言說的波動與省思。

我再次靜心連結奧里，提出了我的疑問：「為什麼最近有這麼多靈魂完成了他們的旅程？這是靈性加速期的一部分嗎？又到底意味著什麼？」

「是的，這是靈性加速期中常見的現象。當地球的能量頻率提升，所有靈魂都會面臨一種內在的選擇。有些靈魂感到自己的旅程已圓滿，選擇在此時回歸靈性層面，為下一段旅程做準備。」

我沉思片刻，作為一位長期接觸能量與靈魂工作的靈性工作者，我明白這並非偶然，而是一種集體性的轉化。於是我問：「這是因為地球頻率提升帶來的能量壓力所致嗎？」

「可以這麼說，地球頻率的轉變對所有生命體而言，都是一次深層的調整。有些靈魂完成了使命，選擇回歸，這並非被迫，而是出於自由意志的決定。離開並不意味著結束，而是一種更高層次的整合與進化。」

我腦海中浮現出那些曾陪伴我的動物朋友。牠們那溫暖的眼神與最後的道別，至今仍深深烙印在心中。我接著問：「那麼，寵物的靈魂呢？牠們的離去是否也與這個加速期有關？」

「牠們不僅是陪伴者，更是與主人靈性同步的夥伴。許多動物靈魂在轉世前便已設定好將與某位人類靈魂共行一段旅程。當彼此之間的學習與守護已完成，牠們也會選擇回歸，以開啟自己靈魂的下一章。」

我想起不久前曾陪伴過的一位個案，她因為愛犬突如其來的離世，陷入深深的悲傷與自責中。她告訴我，那隻狗陪她走過人生最低潮的那幾年，總是在她孤單時貼近她、用眼神安撫她。但就在她剛找到穩定工作、生活逐漸步上軌道之際，狗狗卻在短短幾天內病重離世。

她無法理解為什麼幸福才剛開始，卻要面對這樣的失去。當我與她一起進行能量回溯時，我清楚地感受到，那隻狗的靈魂傳遞出一個訊息——「我來，是為了守護你穿越黑暗。現在，你已經有內在的力量，不需要我了。」

這份訊息令她潰堤，也讓她的心在流淚中慢慢鬆開。她明白，這份陪伴不是因為需要，而是一種深度靈魂間的契約。牠的離開，正是牠最深的祝福。

我將這段經歷與奧里分享。他的訊息回應了我內心的共鳴：「這樣的靈魂協議，經常發生在人與動物之間。他們不是附屬，而是彼此靈魂旅程中的明燈。有些毛孩的存在，是為了讓主人在關鍵時刻不放棄生命，而當主人的內在力量已被喚醒，牠們也就能安心回歸自己的靈魂之路。」

想到自己現在身邊的狗狗，我不禁追問：「失去寵物，對許多人來說是一種深刻的哀傷。我們該如何走過這樣的失落？」

「以感恩與愛的心來看待這段共行，是最深層的療癒方式。」奧里的語氣如同內在的指引。「牠們的離開提醒你們珍惜當下，珍惜與每個靈魂的相遇。牠們並未真正離開，而是以另一種形式，繼續與你們相連。」

「那些選擇留下的靈魂呢？他們的角色又是什麼？」

「那些選擇留下的靈魂，無論是人類還是動物，將會經歷一段更深層次的靈性轉化。這是一個巨大的機遇，讓他們學習如何在變化中成長，如何在挑戰中找到內在的力量。他們留下，是為了參與這場地球轉變的偉大和諧。」

「所以，留下的靈魂承擔了更大的使命？」我問道。

「可以這麼理解，但這並非負擔，而是一種自願的選擇。他們選擇在地球的轉變中，經歷愛與智慧的深化，並以自己的方式影響這個世界。」

我沉默片刻，然後問道：「這一切，與宇宙的愛有什麼樣的聯繫嗎？」

「宇宙的本質是無條件的愛，這份愛允許每個靈魂在自由意志中做出選擇。無論是離開還是留下，都是靈魂進化的一部分。離開是一種愛的延續，留下是一種愛的深入。」

「面對這些變化，我們該如何以更平靜的心態去接受？」

「理解每個靈魂都有自己的節奏和選擇，是你們首先要學習的。其次，當靈魂選擇離開，你們可以用愛與祝福的心情去接受，這不僅是對靈魂的尊重，也是對宇宙愛的信任。記住，無論靈魂在哪裡，他們始終與你們在更高層次上相連。」

我靜靜坐著，感覺那些話語如晨曦微光，穿透了哀傷與混亂，帶來一份寧靜與理解。每個靈魂的選擇背後，都蘊藏著一份深層的智慧。離別不是終點，而是另一種形式的連結與愛的延續。當靈性加速來臨，我們能做的，是在愛中珍惜每段共行，在信任中迎接每一次轉化。

焦慮與陰影的釋放之道

近來我觀察到周圍許多人在靈性加速的這個時期，情緒波動頻繁，甚至陷入深深的焦慮和恐懼之中。作為一名靈性實踐者，我自己也曾經歷過這些挑戰。在我個人的旅程中，透過冥想、深度靜心，尤其是專注於心輪的開放，我感受到了一種深度的釋放，彷彿內在的壓力逐漸融解。

心輪位於胸口中央，連結著身體與靈性，象徵愛、寬容、同理與連結。當心輪開放時，我們不再用頭腦去抗拒情緒，而是能以慈悲的眼光接住內在的脆弱，從而產生療癒與整合的力量。在那樣的過程裡，我體會到許多壓力與焦慮，其實並非來自外在環境，而是源於我們封閉了自己去愛與被愛的能力。

我問奧里：「是否還有一些靈魂課題，讓人們感到如此不安？這與地球頻率的提升有關聯嗎？」

奧里的訊息隨之浮現：「你的觀察非常準確。地球的頻率提升就像一場無形的靈性能量風暴，會促使你們內心深處的陰影和未解決的情感問題一一浮現。這是因為隨著地球進入更高的振動頻率，你們的意識層面也在同步上升。這種過程就像在強烈的光照下，隱藏在陰影中的事物無法再繼續隱藏而被迫顯露。

「當這股提升的能量到來，你們每一個靈魂都被邀請進行一次內在的清理與重生。這並非懲罰，而是讓你們重新調整狀態的契機。靈魂渴望在更高頻率中運行，但要做到這一點，必須先釋放那些停留在低頻的情緒與信念。因此，當頻率上升，那些未被處理的創傷與恐懼會被放大，你們將無法再逃避它們的存在。」

我靜靜地聽著，心中泛起熟悉的感受。「的確，我也曾經歷過類似的過程。那段時間，我深陷一種難以言喻的恐懼與無助感。這些情緒不是來自某個特定事件，而像是潮水般不斷湧現。我知道，那是靈魂在翻動過去未被整合的記憶。」

奧里的訊息再次浮現：「當你們感到情緒波動、焦慮不安時，其實是靈魂在提醒，有一些被壓抑已久的情感需要被正視和釋放。這就像是你們的靈魂正在大掃除，清理那些不再服務於你們的能量和模式。焦慮與恐懼，是靈魂面對轉折點時的訊號，這個轉折要求你們放下過往的包袱，好迎接靈性上的蛻變。」

我點點頭，想起在陪伴他人療癒的歷程中，也一再見證靈魂如何在混亂中重生。那不只是疼痛的釋放，更是一場深刻的轉化。而我自己，也在一次次的淨化與覺察中，回到與內在愛的連結。

我曾陪伴過一位學員，在地球能量頻率逐漸上升的那段期間，她突然開始頻繁失眠，對生活中的人際關係產生莫名的排斥與焦躁，甚至對過去熱愛的工作也產生了強烈的厭倦感。她說不出具體原因，只覺得不知道該怎麼走下去，每天都被焦慮與懷疑壓得喘不過氣。

在靜心與對話中，她逐漸浮現出一個深藏的內在信念：我必須討好別人，才能換取安全感與認同。這個信念源自她幼年時常被家人忽略的環境，而她多年來用努力與配合來維持外在的和諧，卻壓抑了內在真實的渴望與疲憊。

地球頻率提升的當下，正是她靈魂進入轉折點的時刻——這個信念不再適用，靈魂開始透過情緒波動提醒她：不是你不夠好，而是你早已不再需要用討好來換愛，那個時代已經結束了。

當她開始練習說出真實的感受、設定界線、讓自己回到內在的中心時，雖然一開始仍伴隨著害怕與不安，但她漸漸感受到前所未有的鬆動與自由。焦慮與恐懼也在她允許真實流動之後，慢慢轉化為新的穩定與信任。

像這樣的轉化過程，需要意識上的勇氣，也需要日常中具體的支持與練習。

我問奧里：「那麼，我們應該如何應對這種情緒波動？在這個靈性加速期中，有沒有更深層的方法幫助我們釋放內在的恐懼和陰影？」

「你們可以透過書寫來釋放情緒。寫下你們的恐懼、焦慮和疑惑，這是一種有效的情感釋放方式。當你們把這些感受寫下來時，實際上就是把內在的能量釋放出來，讓它們不再困住你們的心靈。這個過程可以讓你們更清晰地看到自己內在的陰影，並且找到更有效的解決方法。

「除此之外，也可以運用一些更深層的療癒方法。例如，透過與大自然連結，尤其是和樹木與大地的能量互動，能幫助你們釋放過度累積的情緒。大自然的能量場是非常穩定且具有療癒力量的，它可以幫助你們重新平衡內在的頻率。」

奧里解釋道，樹木不僅僅是地球上的生物，它們還像是大地的「天線」，與地球的能量場緊密相連。樹木的根深深地扎入大地，就像人類的「根脈輪」一樣，負責吸收大地深處的能量，而樹冠則向著天空伸展，接收來自宇宙的能量。因此，樹木成為了天地能量的橋梁，將大地的穩定力量與宇宙的光輝能量合而為一，傳遞給周圍的生物。

我問奧里：「那麼，當我們與樹木接觸時，是否也能從中汲取到這種能量？」

「是的，當你們靠近樹木，尤其是當你們用手輕輕觸摸樹幹，甚至把背靠在樹上時，你們其實是在與樹木的能量場進行互動。樹木的能量場非常穩定，就像是一種天然的能量平衡器，可以幫助你們釋放內在的焦慮和不安，並重新平衡自己的能量。」

奧里建議，在感到壓力或情緒波動時，可以嘗試進行以下的樹木和大地連結練習。

走進森林、公園或任何有樹木的地方，讓自己靜靜地感受周圍的環境，直至你被某棵樹自然地吸引。這棵樹可能在向你們發出「邀請」，準備好與你們共享能量。

當你們選定了樹後，靠近並用雙手輕輕觸摸樹幹。閉上眼睛，深呼吸，將注意力集中在手掌上，感受樹木的能量。你們可能會感受到一種溫暖、微弱的脈動，這是樹木的能量場在與你們的能量場互動。

靜心並建立連結：坐在樹下，或者背靠在樹幹上，雙腳放鬆地接觸大地。閉上眼睛，深吸一口氣，想像你們身體的根扎入地面，與樹根交織在一起。你們會感受到來自大地的穩定力量，慢慢地注入你的身體，讓你的能量場逐漸平衡。

釋放負能量，吸收大地的穩定：當你感到內心平靜後，可以試著將你們內在的焦慮、不安和負面情緒，透過意念引導到樹根裡。樹木會像大地的過濾器一樣，幫助你釋放這些情緒，並將它們轉化為積極的能量。然後，從樹幹和大地吸取穩定的能量，幫助你們重新找回內在的平衡。

奧里進一步解釋，樹木因其穩定的能量頻率，能幫助人類在地磁變動的時期重新找到內在的平衡。在地球的靈性加速期，許多人會感到焦躁不安，而與樹木和大地的連結能有效地幫助穩定情緒，釋放壓力。不同的樹種也有不同的能量特質，例如：

松樹：散發清澈的能量頻率，適合用於淨化心念與提振精神。

橡樹：如同大地之父，蘊含穩重與力量的能量，幫助穩住內在勇氣與中心。

柳樹：具有釋放特質，適合與壓抑的情緒共處並轉化它們。

桉樹：帶有清理性質，有助於清除能量場中的混濁與阻塞。

奧里強調：「樹木不僅僅是個體的療癒者，它們還是地球能量網格的重要節點。當你們與樹木連結時，實際上也是在與地球的能量網格進行互動。透過這種連結，你們可以更深刻地感受到地球母親的滋養和支持，這是其他靈性練習無法替代的。」

「因此，當你們感到生活壓力過大，或者無法釋放內在的情緒時，不妨走進大自然，去尋找一棵能夠共鳴的樹。透過這樣的簡單互動，不僅會感受到情緒的釋放，還會體驗到一種深層的靈性平靜，這正是大自然賜予你們的療癒禮物。

「樹木和大地就像是宇宙的守護者，隨時準備為你們提供支持與愛。當你們感到迷失時，不妨去擁抱一棵樹，讓大地的能量重新引導你們回到內在的穩定與和諧。

「在這段靈性加速期中，你們需要學會更愛自己。當恐懼和焦慮浮現時，不要急於驅趕它們，而是試著去理解它們背後的訊息。這些情緒其實是在告訴你們，有什麼尚未被療癒的部分需要你們去關注。接受自己的脆弱，並在愛與理解中擁抱這些情緒，是靈魂成長的重要一步。」奧里最後的話語像一股暖流深深注入我的心中。

解碼七大脈輪與地球能量網格

「奧里，有位朋友最近計畫前往喜馬拉雅山進行靈性旅程，他說那裡擁有強大的靈性能量，可以喚醒內在的覺知，真的是如此嗎？」

「喜馬拉雅山的確是個靈性力量極強的地方，尤其是西藏和尼泊爾交界的高峰，這裡是地球的頂輪，象徵著與宇宙的連結與靈性啟迪。很多人來到這裡進行冥想和修行，感受到的是一種與天地合一的深層安寧。」他頓了頓，似乎在思索該如何更好地傳遞這個地點的神聖特質。

「不過，要理解喜馬拉雅山的靈性能量，你可以先了解整個地球的能量網格。

「地球，作為宇宙中的一個靈性存有，擁有自己的能量系統。這一系統就像人體的脈輪一樣，包含了主要脈輪、次要脈輪、能量節點和能量漩渦，這些元素共同構成了地球的能量網格。

「這些能量中心不僅影響地球本身的平衡與和諧，也深刻影響著人類的身心靈健康、情緒平衡和靈性覺醒。理解這一能量系統，便能讓你們更加深入地認識到人類與地球之間的連結。」

地球的七大脈輪：靈性核心支柱

奧里開始向我介紹地球的七大主要脈輪。他說，每個脈輪都帶有特定的能量頻率，負責不同的靈性功能，彼此之間相互聯繫，共同維護地球的靈性平衡。

根脈輪：烏魯魯，澳大利亞

烏魯魯是地球的根脈輪，象徵著穩定和安全。這裡的能量沉穩而深邃，如同母親般提供支持。站在烏魯魯旁，可以感受到地球的根基之力，那是一種強烈的安定感，幫助你們找到內心的歸屬。

骶骨脈輪：的的喀喀湖，秘魯／玻利維亞

的的喀喀湖的能量充滿了創造力與情感的活力，是地球的骶骨脈輪。在這裡，人們會感到內在的生命力被喚醒，情感的壓抑得以釋放。

太陽神經叢脈輪：莫納克亞山，夏威夷

莫納克亞山的能量如同火焰，象徵力量和意志。這裡的能量促使你們面對內心的挑戰，激發你們的勇氣與成長。

心輪：格拉斯頓伯里突岩，英國和夏洛特山，美國

這兩處被視為地球的心輪節點，象徵著愛與和諧。它們散發出溫暖、包容的能量，讓人感受到無條件的愛與內在的平靜。

靈性上，地球的心輪如同人類的心輪，既能接收愛，也能給予愛。格拉斯頓伯里突岩象徵接納與內在穩定，承載古老而深厚的靈性傳承；夏洛特山則代表愛的擴展與轉化，隨著當代意識的提升，其心輪能量正日益被啟動與強化。

喉輪：吉薩大金字塔，埃及

吉薩大金字塔（註：位於吉薩平原上的吉薩金字塔是一個金字塔群的總稱，不是一座單獨的金字塔，而吉薩大金字塔又名古夫金字塔。）是地球的喉輪，象徵真理與表達。這裡的能量會讓人直面內心的真理，鼓勵人們勇敢地表達自己，發出屬於自己的聲音。

眉心輪：阿爾卑斯山，歐洲

阿爾卑斯山的能量如同一個靜謐的湖，幫助人們洞察內心的智慧。這裡的能量可以提升直覺，讓人們看見更高的真理。

頂輪：喜馬拉雅山脈，西藏／尼泊爾邊界

這裡的能量帶來靈性的啟迪，是通往宇宙智慧的門戶。來到這裡，人們更容易進入深層冥想，感受到內心的安寧與宇宙的合一。

「那麼，雪士達山的靈性能量如何？我曾聽許多靈性工作者提起這座山。也有朋友親身造訪，描述那裡有一種很特別的召喚感。近年來，有不少走在靈性學習道路上的人，會特地前往雪士達山冥想、靜修，彷彿那裡真的是某種靈性入口。這座山的特殊之處在哪裡？」

「雪士達山位於美國加州北部，是一處強大的次要脈輪，擁有高頻的能量漩渦。雪士達的能量特質與喜馬拉雅山不同，更具活力與直接性，特別適合激發內在的覺知與個人力量。這裡的能量如火焰般向上攀升，能夠激勵人們探索自我、突破內在障礙，釋放潛藏的靈性力量。許多人來到雪士達，感受到的是內心被點燃的激情，靈性覺知也被深深觸動。

「雪士達的能量更聚焦於個人層面的轉化，幫助人們清晰地看見內心的真實狀態，促進自我覺察與靈魂覺醒。這樣的能量對於那些尋求靈性突破的人特別有幫助。相較之下，喜馬拉雅山的頂輪能量更為寧靜且深遠，帶來的是與宇宙的深層合一。它更適合那些希望擴展心靈、超越自我、追求靈性合一的靈魂。喜馬拉雅山的能量並非激發突破，而是引領你們放下自我，達成與天地萬物的神聖合一。

「當人們感受到被雪士達所召喚，那並不是偶然，而是靈魂已準備好接受轉化的訊號。某些能量節點不僅承載著地球的頻率轉換功能，也如同靈魂的記憶開關。當靈魂準備好，它自然會回應這些地點的召喚，走上一段更深層的靈性旅程。」

次要脈輪：地球的輔助能量中心

除了七大脈輪，地球還擁有許多次要脈輪，這些能量點為主要脈輪提供支持，也具備獨特的靈性意涵。次要脈輪的能量雖不如主要脈輪強烈，但次要脈輪在靈性平衡與成長上依然具有重要作用。奧里進一步解釋如下：

雪士達山，美國

這是一個高頻的次要脈輪，尤其適合促進個人覺知和靈性覺醒。這裡的能量幫助人們清晰地看見自我，激發內在的潛能。

巨石陣，英國

巨石陣作為次要脈輪之一，帶有穩定和平衡的能量，適合冥想和情緒的平衡。

塞多納，美國

塞多納擁有多處能量漩渦，適合靈性療癒和情緒釋放。這裡的能量漩渦幫助人們釋放內在的阻礙，達成平和與靈性的平衡。

能量漩渦：靈性力量的流動

奧里解釋說，能量漩渦是地球網格中極其活躍的能量現象，分為向內旋轉和向外旋轉兩種。向內旋轉的能量適合深層的內在療癒，引導人們探索自我，而向外旋轉的能量則幫助人們釋放情緒，將壓力與情緒負荷轉化到宇宙中。例如，西藏的布達拉宮這個聖地，就是屬於內旋能量；沙烏地阿拉伯的朝聖地麥加，是屬於外旋能量。

「如何在一個地方，分辨內旋跟外旋的能量？」我問奧里。

奧里很快補充：「內旋和外旋能量的區別可以從幾個方面來感受，尤其是當你們置身於能量強烈的靈性地點時，這種能量的方向性往往會更明顯。」

感受能量的流向和影響

內旋能量：通常會帶來內向的、自省的感受。當處於內旋能量場中，個人更容易感到平靜、沉穩，並被引導向內探索。你們可能會感覺到一股能量流向心靈深處，讓你們進入自我反思、靜心和療癒的狀態。這種能量適合進行冥想、內在療癒和個人洞察，讓人有一種被包裹的溫暖感。

外旋能量：通常會帶來向外擴展、釋放的感覺。當你們處於外旋能量場中，個人可能會感到一種向外放鬆的流動，情緒變得輕鬆且開闊，適合釋放壓力和負面情緒。這種能量場會促使你向外敞開，更適合與他人連結、清理舊有能量，或是釋放內在的情緒壓力。

身體反應

當進入內旋能量場時，你們的身體可能會感到放鬆且向內集中，有些人會感到沉穩的力量在腹部或胸口流動，讓人感到深層的安定和內在的歸屬感。

在外旋能量場中，你可能會感到肩膀、手臂，甚至頭部有一種輕盈和擴散的感覺，像是某種壓力從身體表面釋放出去。這是一種向外擴展的能量，帶來清理和解放的效果。

心理狀態的變化

內旋能量會讓人專注於自我，促使思維放慢，更加內省和沉靜。這時候容易進入深層的冥想狀態，心靈感到平和並有深入的覺知。

外旋能量則讓人變得開放、輕快，感到一股流動的釋放感，心中會產生更寬廣的視角，有助於情緒釋放，尤其是那些積壓的壓力或焦慮。

在場景中的感覺

如果你覺得該地點的能量有種吸引你靜心、內觀，甚至自然而然地閉上眼睛，那麼這裡就是內旋能量。如果該地點的能量讓你不自覺地抬頭張望、深呼吸，或感到情緒變得放鬆和愉悅，這裡就是外旋能量。

建議在內旋地點觀察內在的平靜和感受；在外旋地點進行深呼吸或釋放練習，把壓力和情緒送出去，與環境共鳴。

台灣的能量節點

最後，我好奇地問到台灣是否屬於地球的能量節點時，奧里說：「台灣確實是一個重要的能量節點，尤其在東亞地區有著獨特的靈性力量。台灣的地理位置使它成為東亞能量流動的樞紐，彷彿一座靈性的橋梁，連結大地與海洋的能量。

「台灣的山脈和火山地形帶來穩定且持續的能量，雖不如主要脈輪強烈，也非典型的次要脈輪，但作為能量節點，對東亞地區的能量平衡有著重要的支持作用。台灣的能量特質包容且和諧，適合人們進行靜心冥想、情緒療癒和內在重整。台灣的阿里山、玉山、太魯閣等自然景觀，也都是能量集中的靈性地點，讓人們在自然的懷抱中重新找到內在的平和，感受靈性意識的喚醒。」

本來接觸大自然就有益身心，聽到奧里這麼說，我想以後更應該要到這些地方多多走動。

地球脈輪的冥想練習

上一節介紹的「七大脈輪與地球能量網格」，著重於理論理解與能量場的觀察，是對整體地球能量系統的解碼與覺察；而這一節的「地球脈輪的冥想練習」，則是將這些脈輪能量轉化為實際的靈性修煉工具，讓人們透過具體的冥想方式，與地球的七大靈性能量中心建立直接連結。

建議在進行每一段地球脈輪冥想前，先上網搜尋該地點的實景圖片，仔細觀察地形、色彩與氛圍，將影像深深印入腦海中。如此一來，在冥想時你將能更容易進入該地點的能量場，提升與地球脈輪共振的感受力與實效性。

烏魯魯的深層根基冥想練習

請閉上眼睛，讓身體完全放鬆，注意力集中在脊椎底部，這是你的根脈輪所在之處。此刻，與大地相連，感受腳下土地的穩定與支持。

現在，將意識延伸至澳大利亞的烏魯魯，想像這片龐大的紅色巨岩屹立於荒野，象徵地球深層的根基。讓烏魯魯的紅色能量緩緩流向你，與根脈輪連結。

讓這股紅色光芒逐漸流入身體，在脊椎底部擴散，帶來深層的穩定感。這能量如同地心的根系，支撐著你的身心，帶來安全與穩固。

允許自己被大地擁抱，彷彿成為烏魯魯的一部分，穩定且不動搖。讓這穩定的能量充滿全身，帶來深層的安心感。

想像紅色光芒從下半身逐漸延伸到全身，像被大地的能量包圍。感受這股穩定的力量在內心建立，包裹你整個存在。你與地球是一體的，你在這裡，有所歸屬。

當你準備結束冥想時，緩緩吸氣，感受大地的能量依然穩穩地支撐著你。將注意力帶回當下，輕輕睜開眼睛，帶著這份穩定與平靜回到生活中。

骶骨脈輪冥想練習：的的喀喀湖的創造與活力

請閉上眼睛，將注意力輕輕帶到腹部——那是你骶骨脈輪所在的位置。這是創造力與生命力的中心，彷彿一股無窮活力的源泉。

想像你坐在南美洲的的喀喀湖畔，湖水在陽光下閃爍著柔和的橙色光芒。這片湖水象徵著地球的骶骨脈輪，充滿了創造的能量，水面平靜而深邃，讓你感到平和與活力共存。

想像的的喀喀湖的橙色光芒緩緩地流入你的腹部，溫柔地包圍著骶骨脈輪。感受這股光芒在腹部流動，帶來一股溫暖的能量，喚醒你內在的創造潛力與生命活力。

讓這股能量自由流動，感受生命的活力在你體內湧動，彷彿湖水的波動激活了你的靈魂，帶來源源不絕的創意與熱情。允許自己完全浸入這股能量流中，感受到每個細胞都充滿了生命的活力。

讓橙色的光芒從腹部逐漸擴展到全身，帶來輕盈與動力。這股能量帶動你體內的每一部分，讓你感受到新生的力量與創造的喜悅。

當你準備結束冥想時，慢慢將注意力帶回腹部，感謝的的喀喀湖的創造力量。深深吸氣，將這份活力與創造力帶回現實，輕輕地睜開眼睛，準備迎接生活中的每一個靈感時刻。

太陽神經叢脈輪冥想練習：莫納克亞山的意志與力量

請閉上眼睛，將注意力帶到腹部上方的太陽神經叢，這裡是你的力量與意志之源。

想像你站在夏威夷的莫納克亞山頂，沐浴在金色的陽光下。這股光芒象徵著無限的力量，流入你的太陽神經叢，喚醒內在的火焰。

讓這股金光在腹部流動，激活內心的勇氣與堅定。感受光芒遍佈全身，每個細胞都被點亮，充滿自信與動力。

將金色光芒擴展至全身，如同溫暖的太陽能量灌注你內在的每一部分。這股能量讓你充滿活力，準備面對生活中的挑戰。

感受這股力量帶來的穩定與支持，像莫納克亞山般巍然不動，內心充滿堅定與勇氣。

當你準備結束冥想時，深吸一口氣，將這份力量穩固在內心。輕輕睜開眼睛，帶著這份堅定的能量，準備勇敢地迎接每一刻。

心輪冥想練習：格拉斯頓伯里突岩與夏洛特山的愛與和諧

找到一個舒適的坐姿，閉上眼睛，深深地吸氣，再緩緩地吐氣。重複幾次，讓呼吸變得自然而放鬆，感受身體的重量穩穩地落在大地上。

想像你站在格拉斯頓伯里突岩的綠地上，四周環繞著柔和的光芒。這片綠色的能量像是一層薄薄的霧，溫柔地包圍著你，讓你感到放鬆與安全。

將注意力帶到胸口的心輪，想像一股溫暖的綠色光芒從格拉斯頓伯里突岩流向你的心輪，像是愛的能量流入心中。這道光芒溫暖而包容，充滿無條件的愛與平和。

接著，將意念帶到夏洛特山，想像你站在寧靜的山腳下，陽光灑落在肩膀上，一股純淨而有力的能量從大地升起。這股來自夏洛特山的能量帶著愛的行動力與轉化之光，與你心中格拉斯頓伯里突岩的柔和愛相互交融。

讓兩股心輪能量交匯在胸口，融合成一道綠色的光芒，並逐漸擴展至全身。感受這份無條件的愛逐漸溫暖你的整個身體，釋放壓力與負面情緒。讓愛的力量充滿你，並將過去的痛苦與傷害慢慢地放下。

在心中默念：「願愛與和諧流入我心，使我成為和平的源泉。」

感受你與格拉斯頓伯里突岩和夏洛特山的心輪能量共振，像是愛的橋樑，將這份能量擴散至周圍的一切。

當你準備結束冥想時，深吸一口氣，再緩緩地吐氣，睜開眼睛。此時可以將雙手放在心口，感謝這份愛的能量，並帶著這股愛的感受回到日常生活中。

喉輪冥想練習：吉薩大金字塔的真理與表達

想像你站在埃及吉薩大金字塔前，感受到其古老而神秘的力量。藍色光芒從金字塔頂端緩緩流向你，那是宇宙智慧的集中之處，正準備與你的喉輪連結。將這股藍光吸入喉輪，感受到喉嚨處的清晰與純淨。

讓藍光在你的喉輪緩緩旋轉，感受到一股勇氣湧上心頭，讓你能夠坦然表達自己，無懼地說出內心的真實。這股能量幫助你去釋放一切壓抑的情感，讓你的聲音變得清晰而有力。

想像藍光從喉輪延伸到心輪與眉心輪，讓你的表達融合愛的溫度與智慧的洞察。這股和諧的能量促使你在愛與智慧中找到平衡，讓你能發出真實的聲音，同時觸動他人最柔軟的地方。

感受你的聲音充滿力量，與周圍的能量共振，成為愛與智慧的傳遞者。

當你準備結束冥想時，深吸一口氣，將這份真實與勇氣穩固在心中。輕輕睜開眼睛，帶著真理與愛的聲音，準備在日常生活中坦然表達自己。

眉心輪冥想練習：阿爾卑斯山的洞察與智慧

請閉上眼睛，讓呼吸安靜流動。將注意力帶到額頭正中央，那裡是你的眉心輪，也被稱為第三眼。它是洞察與靈性智慧的中心。現在，想像自己站在阿爾卑斯山的山頂，四周環繞著莊嚴的紫色光芒。紫色的光芒充滿了靈性的力量與智慧，緩緩地流向你，進入眉心輪。感受這股光芒滲透進眉心輪，喚醒你內在的靈性視野。

讓這紫色的光芒在你的眉心輪緩緩旋轉，開啟內在的洞察之門。你開始看清事物的真相，理解那些隱藏的智慧。這股洞察力如水般柔和，但卻深邃無比，讓你的心靈更加清明。

想像紫色光芒從眉心輪流入心輪與喉輪，使你的洞察力與愛的力量和真理的聲音相連。這種協調的能量讓你更清楚地理解自己與世界，並能在愛的基礎上表達真實的智慧。

這洞察力讓你心如止水，所有的疑惑都消融於這片清明之中。這不僅是智慧的開啟，更是靈性視野的擴展。感受這份平靜和明晰充滿你的心靈，使你變得更加寬容與理解。

當你準備結束冥想時，深吸一口氣，將這份洞察力穩固於心中。輕輕睜開眼睛，帶著這份靈性的智慧回到現實，準備以清晰與平靜面對生活的每一刻。

頂輪冥想練習：喜馬拉雅山的宇宙合一

請閉上眼睛，將意識輕輕帶到你的頭頂——那是你的頂輪所在之處，是你與宇宙意識合一的通道。當這個中心被喚醒，你將超越所有界限，進入無限的愛與智慧。

現在，想像你坐在巍峨的喜馬拉雅山巔，周圍被清澈而神聖的白色光芒包圍。這白光象徵著純粹的靈性力量，從高處緩緩灌注，進入你的頂輪，輕盈而深沉地喚醒內在深層的覺知。

讓這白光在頂輪緩緩旋轉，逐漸擴展成一道垂直的光柱，穿越整個身體，連結著你與無垠的宇宙。此時，你與宇宙合一，所有的界限消融，身體彷彿變得輕盈而透明。

感受這股合一的能量，從頂輪流向全身，滲透進你的每個細胞。你不再僅僅是一個獨立的個體，而是與宇宙的每一個存在緊密相連，正在接受著無限的愛與指引。這份智慧深入你的每個細胞，讓你感到無限的平和與安寧。

此刻，你體會到無我的境界，感受到純粹的靈性喜悅。這不僅是一個片刻的感受，而是永恆的靈魂合一。讓這份合一的喜悅充滿心靈，並滲透到你的全身。

當你準備結束冥想時，深吸一口氣，將這份靈性覺知穩固在心中。輕輕睜開眼睛，帶著宇宙的愛與智慧，回到日常生活中，時刻記住你始終與萬物同在。

靈性的極致：從神秘到日常的回歸

繼許多人對靈性修行的誤解之後，近日我又針對「開悟」這件事情請教奧里：

「開悟對很多靈性修行者來說是一個終極目標。但究竟什麼是開悟？這是一種什麼樣的狀態，我們應該如何理解它？」

「開悟是許多人在靈性道路上追尋的目標。它看似神秘，其實並不是某種遙不可及的狀態。開悟本質上是一種內在的覺醒，是對宇宙、生命本質，以及自我的深刻理解與體驗。它是從分離的幻象中解脫，重新與一體性連結的狀態。

「很多人以為開悟是一種突然的神秘體驗，或者達到某種靈性境界。實際上，開悟所指更多的是心態的轉變，是看待世界和自己的方式發生了根本性的變化。它不是一個終點，而是一個持續的過程，是在生活中逐漸體會到愛、和諧與真實的過程。」

「那麼，這種心態的改變是什麼樣的？如何描述開悟的內在體驗呢？」

奧里輕輕閉上眼睛，彷彿在感受內在的寧靜：「開悟的內在體驗可以用兩個詞來描述：覺知和合一。

「『覺知』是指對現實的深入感知，不再被過去的經驗、對未來的焦慮，或是頭腦中的偏見遮蔽，而是能夠以清明和開放的心去經歷每一刻。在開悟的狀態中，你會感受到一種深刻的寧靜，就像深夜中輕柔的風拂過臉龐，那是一種完全被接納的自由。

「『合一』則是開悟的核心體驗之一。當你開悟時，你會體會到自己與宇宙、與所有生命的深刻聯繫。你不再感覺自己是一個孤立的個體，而是宇宙的一部分，就像站在海邊，任憑浪花拍打著腳踝時，感受到自己與大海不可分割的聯繫。在這樣的體驗中，愛成為一種自然的狀態，因為愛本質上就是體會到彼此之間的深刻聯繫。」

「聽起來開悟像是完全融入當下並與宇宙合一的狀態。那麼，是否每個人都有可能達到開悟？」我輕聲問道。

奧里肯定地說：「當然是的。每個人都有潛力達到開悟，因為開悟不是某些人特有的特權，而是你們本來就具備的本質。開悟不是從外界獲取某些東西，而是去除那些遮蔽你們真實自我的障礙和幻象。

「你們的靈魂本來就是光明和智慧的，但在成長過程中，因為各種信念、社會的影響、過去的經歷，讓你們忘記了自己的本質。開悟的過程，就是認清這些幻象，重新找到你們內在的光明，與真正的自我連結。」

「那麼，我們應該如何開始這個開悟的過程呢？有沒有一些實踐可以幫助我們向開悟前進？」

「開悟的過程其實就是不斷提升意識和覺察的過程。這裡有幾個方法可以幫助你們開始這趟旅程。」

活在當下

要開始開悟，你們需要學會將注意力帶回到當下。當下是唯一真實存在的時刻。當你坐在草地上，感受陽光灑在臉上，或是聞到剛煮好的咖啡香氣，這些都是當下的體驗。大多數人要麼活在過去的悔恨中，要麼焦慮於未來的未知。開悟的過程就是不斷把注意力拉回到這些簡單而真實的當下，因為當下就是生命真正展現的地方。

靜心與自我觀察

靜心是一種與內在連結的方式。當你閉上眼睛，聆聽自己呼吸的聲音，感受心跳的節奏，你可以靜靜觀察自己的念頭、情緒和感受，而不加以評價或抗拒。這樣的覺察能幫助你們認識到，這些念頭和情緒不是你們的全部。你們的本質在這些外在的變化之下依然安然無恙，就像靜靜流動的小溪，不論表面有多少落葉漂過，溪水依然保持著它的流動。

愛與接納

開悟的過程中，愛與接納是不可或缺的。對自己充滿愛，並且接納自己所有的面向，無論是光明還是陰影。就像擁抱一位久未見面的老朋友，這樣的接納能幫助你們解開自我的束縛，當你們真正接納自己時，就能放下內在的掙扎，找到內心的平靜。

超越自我

開悟的核心是對「自我」的超越。當你站在鏡子前，看到的不僅僅是你自己的形象，而是更深層次的存在。自我是由念頭、身分和記憶構建的概念，當你們能夠認識到自我並非真正的你們，而只是頭腦中的產物，就能體驗到更深層次的存在——那是一種無限且永恆的意識。

「這樣看來，開悟不是一次性的事件，而是一個持續的過程，是嗎？」我問道。

「正是如此，開悟不是一個終點，而是一段持續的旅程。它不是某個時刻達到之後就永遠保持的狀態，而是在每一刻都需要保持覺察和開放。生活中的每一個挑戰都是成長的機會，它們幫助你們更深入地認識自我，並更加接近開悟的狀態。

「很多人會經歷所謂的『開悟時刻』，這些瞬間讓他們看到了現實的真相，感受到了深刻的合一和自由。然而，真正的開悟是如何在日常生活中將這些體驗轉化為持續的狀態。當你們能夠保持對當下的覺知，超越自我的限制，並用愛與接納來面對生活的種種挑戰，那就是你們向開悟前進的一步。」

我微笑著說：「這樣的開悟聽起來不再是一個遙不可及的目標，而是一種生活方式。那麼，我們可以每天在生活中尋找開悟的機會嗎？」

奧里滿意地回答：「開悟不是某個高不可攀的目標，而是你們內在本質的自然顯露。當你們開始以開悟的方式生活——保持對當下的覺察，對自己和他人充滿愛，並超越自我中心的思維，你們就已經在體驗開悟的狀態了。

「這個過程不需要急於求成，也不是要追求某種特定的靈性經驗，而是要讓每一天的生活成為探索與覺醒的旅程。」

「有些人會說，開悟很美好，但這能幫助我解決生活中的問題嗎？」我問道。

「這是個好問題。開悟最直接的影響就是它能改變你們面對生活挑戰的方式。開悟並不意味著從此生活再也沒有痛苦和問題，而是面對問題時擁有不同的態度。它讓你們在遇到挑戰時保持覺知，而不是陷入慣性的反應中。

「例如，當你們在工作中面臨壓力時，開悟的狀態會幫助你們不再以受害者的心態看待自己，而是從更大的視角來看，理解這些挑戰對靈魂成長的意義。開悟讓你們看到，工作不僅僅是生計的來源，也是靈魂表達自己、服務他人的途徑。」

我若有所思地說：「所以，開悟與其說是一種特定的靈性狀態，倒不如說是一種生活方式，一種全然的覺知和愛的態度？」

「完全正確。開悟是一種生活方式，它要求你們每一天、每一刻都保持覺察，用愛來看待自己和這個世界。不需要去追求特別的靈性經歷，開悟在於如何把每一刻都活得更加真實和有意義。它是對生命全然的擁抱，無論是甜蜜還是苦澀，都能從中找到愛與智慧。

「最終，開悟不是遠在天邊的終點，而是每一天中那些細小而深刻的覺醒。當你們用開放的心看待自己和周遭的一切，開悟就會自然而然地在生活中綻放。」

國家圖書館出版品預行編目 (CIP) 資料

活出更高版本的自己：把握關鍵時刻，和地球一起升級 / 謝宜珍著 . -- 初版 . -- 臺北市：遠流出版事業股份有限公司，2025.08

面；　公分

ISBN 978-626-418-291-1(平裝)
1.CST: 靈修

192.1　　114009091

活出更高版本的自己
把握關鍵時刻，和地球一起升級

作者——謝宜珍
總編輯——盧春旭
執行編輯——盧春旭
行銷企劃——王晴予
美術設計——王瓊瑤
內頁繪圖——陳建佑

發行人——王榮文
出版發行——遠流出版事業股份有限公司
地址——104005 台北市中山北路一段 11 號 13 樓
客服電話——(02)2571-0297
傳真——(02)2571-0197
郵撥——0189456-1
著作權顧問——蕭雄淋律師
ISBN ——978-626-418-291-1

2025 年 8 月 1 日 初版一刷
定價——新台幣 380 元
（缺頁或破損的書，請寄回更換）

遠流博識網
http://www.ylib.com
E-mail: ylib@ylib.com